中国文化经纬

宋明理学

尹协理　著

中国书籍出版社
China Book Press

图书在版编目（CIP）数据

宋明理学 / 尹协理著. — 北京：中国书籍出版社，
2014.11
ISBN 978-7-5068-4545-8

Ⅰ. ① 宋… Ⅱ. ① 尹… Ⅲ. ① 理学—研究—中国—宋代
② 理学—研究—中国—明代 Ⅳ. ① B244.05 ② B248.05

中国版本图书馆CIP数据核字（2014）第246884号

宋明理学

尹协理 著

责任编辑	戎 骞 刘 路
责任印制	孙马飞 马 芝
出版发行	中国书籍出版社
地　　址	北京市丰台区三路居路97号（邮编：100073）
电　　话	（010）52257143（总编室）　　（010）52257140（发行部）
电子邮箱	chinabp@vip.sina.com
经　　销	全国新华书店
印　　刷	三河市华东印刷有限公司
开　　本	635毫米×970毫米　1/16
字　　数	100千字
印　　张	14
版　　次	2015年10月第1版　2019年5月第2次印刷
书　　号	ISBN 978-7-5068-4545-8
定　　价	52.00元

版权所有　翻印必究

《中国文化经纬》系列丛书
编委会

顾问 汤一介 杨 辛 李学勤 庞 朴
　　　　王 尧 余敦康 孙长江 乐黛云

主编 王守常

编委（按姓氏笔画为序）
　　　　王 平 王小甫 王守常 邓小楠
　　　　乐黛云 江 力 刘 东 许抗生
　　　　朱良志 孙尚扬 李中华 陈平原
　　　　陈 来 林梅村 徐天进 魏常海

总　序

二十世纪三十年代，陈寅恪先生在冯友兰《中国哲学史》下册的《审查报告》中说："窃疑中国自今日以后，即使能忠实输入北美或东欧之思想，其结局当亦等于玄奘唯识之学，在吾国思想史上既不能居最高之地位，且亦终归于歇绝者。其真能于思想上自成系统，有所创获者，必须一方面吸收输入外来之学说，一方面不忘本来民族之地位。此二种相反而适相成之态度，乃道教之真精神，新儒家之旧途径，而二千年吾民族与他民族思想接触史之所昭示者也。"今天读陈先生的话，感慨良多。先生所言之义：佛教传入中国，其教义与中国思想观念制度无一不相冲突。然印度佛教在近千年的传播过程中不断调适，亦经国人改造接受，终成中国之佛教。这足以告知我们外来思想与中国本土思想能够融合、始相反终相成之原因，在于"必须一方面吸收输入外来之学说，一方面不忘本来民族之地位"。这就是我们经常讲的,当下中国文化必须"返本开新"。如有其例外者,则是"忠实输入不改本来面目者,若玄奘唯识之学,虽震荡一时之人心,而卒归于消沉歇绝"。

我以为近代中国落后于西方,不应简单视为文化落后,而是二千多年的农业文明在十八世纪已经无法比肩欧洲工业文明之生产效率与市场资源的合理配置,由此社会政治、国家管理制度也纰漏丛生。由是而观当下之中国,体制改革刻不容缓,而从五四时代以来的文化批判也需深刻反思。启蒙运动对传统文化的批评固然有时代需求,未经理性拷问的传统文化无法随时代而重生。但"五四运动"的先贤们也犯了"理性科学的傲慢",他们认为旧的都是糟粕,新的都是精华,以二元对立的思考将传统与现代对峙而观,无视传统文化在代际之间促成了代与代的连续性与同一性,从而形成了一个社会再创造自己的文化基因。美国学者席尔思写了一部书《论传统》,他说:传统是围绕人类的不同活动领域而形成的代代相传的行为方式,是一种对社会行为具有规范作用和道德感召力的文化力量,同时也是人类在历史长河中的创造性想象的沉淀。因而一个社会不可能完全排除其传统，不可能一切从头开始或完全取而代之以新的传统，而只能在旧传统的基础上对其进行创造性的改造。此言至矣！传统与现代不应仅在时间序列上划分，在文化传承上可理解为"传统"是江河之源，而"现代"则是江河之流。"现代"对"传统"的理性诠释，使"传统"在"现代"得以重生。由此，以"同情的敬意"理解自己民族的文化传统是当下中国的应有之义，任何历史文化的虚无主义都要彻底摒弃。从"五四"先行者到今天的一些名士，他们对传统文化进行激烈批判，却也无法摆脱传统文化对自己的思维方式和价值观念的影响。这样的事实岂可漠视。

这套《中国文化经纬》丛书是在1993年刊行的《神州文化集成》丛书的基础上重新选目、修订而成。自那时到今天，持续多年的"文化热"、"国学热"，昭示着国人对自己民族文化的认同还处在进行时。文化决定了一个民族的性格，民族性格决定了一个民族的命运。中国文化书院成立至今已有30年了，书院同仁矢志不移地秉承着"让世界文化走进中国,让中国文化走向世界"之宗旨,不负时代的责任与担当。此次与中国书籍出版社合作出版这套丛书,期盼能在民族文化的自觉、自信、自强上有新的贡献。

王守常

2014 年 12 月 8 日

于北京大学治贝子园

目 录

总 序 ……………………………………………………… 1

第一章 宋明理学的形成 …………………………………… 1
 一、隋唐经济制度的变革 ………………………………… 1
 二、隋唐政治制度的变革 ………………………………… 9
 三、隋唐意识形态的变革 ………………………………… 16
 四、理学的形成 …………………………………………… 30

第二章 理学程朱派的基本理论 …………………………… 40
 一、宇宙生成论 …………………………………………… 41
 二、人性论 ………………………………………………… 55
 三、教育论 ………………………………………………… 68
 四、道德修养论 …………………………………………… 86
 五、治国论 ………………………………………………… 105

第三章 理学陆王派的不同观点 …………………………… 117
 一、心即理 ………………………………………………… 120

二、致良知 ································· 131
三、知行合一 ······························· 147

第四章　理学的衰落 ······························· 157
　一、明中后期反理学思想的萌芽 ··············· 158
　二、理学正统派挽救社会危机的努力 ············ 174
　三、理学的衰落 ····························· 199

简短的结论 ······································ 203

出版后记 ·· 207

第一章　宋明理学的形成

宋明理学酝酿于隋唐，形成于北宋，经历了漫长的过程，是中国古代社会系统发展的必然结果。它的最深厚的根源深藏在经济之中，又是与隋唐至北宋政治领域的变革，与文化领域的斗争态势密切联系、相为呼应的。认真探讨宋明理学产生的原因与形成的过程，对于我们正确认识宋明理学的各种理论及其在历史上的地位和作用，将会有很大的帮助。

一、隋唐经济制度的变革

隋唐社会的变革，首先是从经济开始的。自秦代至南北朝，中国封建社会在经济上是以按丁口强制征收定额课租和存在着严格的人身依附关系的农奴劳动为特征的农奴制经济。自隋唐至鸦片战争前，是以按田亩征收租税和解除了严格的人身依附关系的农民劳动为特征的地主制（狭义的即自由租佃制下的地主制）经济。这是整个封建经济发展过程中的两个阶段。

中国农奴制经济有两种形态：一种是国家农奴制，另一种是豪强农奴制。它们的基础是不完全的国家土地所有制，或者叫国家土地所有制和豪强土地私有制并存的土地制度。在国有土地基础上建立起来的是国家农奴制经济，在豪强私有土地基础上建立起来的是豪强农奴制经济。这两种农奴制经济既互相联合，互相渗透，又互相争夺。随着生产力的发展和被压迫者的反抗，二者的矛盾也越来越尖锐，最后的结果则是随着自由租佃制的兴起而同归于尽。

在国家农奴制经济中，国家即皇室和为皇室服务的各级官吏是农奴主。它的直接剥削对象是有户籍的农奴。它以按丁口强制征收定额课租和严格的户籍控制的手段强制被剥削者提供剩余劳动。在国家农奴制经济范围内，国家掌握着土地所有权，农奴耕种的土地是国家所"授予"的，农奴死后要将土地归还给国家。这种制度在秦代称"名田"或"授田"。《秦律》规定，征收租税"以受田之数"[1]，就是一个证明。

---

[1] 《云梦秦简·田律》。

在汉代又称"均田",所谓"均田之制从此堕坏"①是汉代实行均田的证明。在西晋叫"占田","其官品第一至第九,各以贵贱占田",其民"男子一人占田七十亩,女子三十亩。其外丁男课田五十亩,丁女二十亩"②。北魏至隋,又叫"均田"。在实行名田、授田、占田、均田范围内的土地属于国家所有,农奴所受之田,只有使用权,而无所有权(永业田除外)。

国家农奴制经济的赋税形式是按丁口强制征收的定额课租。在秦代,国家征收租税的制度是:"以其受田之数,无垦(垦)不垦,顷八刍三石,禀二石。"③不管实际垦种土地多少,均须按丁口交纳定额课租。在汉代,按土地数量和产量征收的土地税为十五税一,而按丁口征收的各种赋的数量却大大超过了土地税。二者的比例,按蒙文通先生计算,约为三点八比一。④西晋有占田与课田的区别,占田相当于份地,课田相当于公田,极类似于西欧的领主农奴制。南朝梁、陈土

---

① 《汉书》卷八十六《王嘉传》。
② 《晋书》卷二十六《食货志》。
③ 《云梦秦简·田律》。
④ 蒙文通《中国历代农产量的扩大和赋役制度及学术思想的演变》,载《四川大学学报》一九五七年第二期。

地税仅"亩税米二升",而按丁口强制征收的课租,则是"租米五石,禄米二石",此外还有布、绢、丝、绵等[①],丁口课租的比重占绝对优势。这种按丁口强制征收的定额课租,具有实质上的劳役地租性质,因为直接生产者没有不耕种土地、不交纳定额课租的自由。它不同于自由租佃制地主经济下的自由农民。在自由租佃制下,农民按租种土地的数量交纳租税,地多则多交,地少则少交,无地则不交。而秦至隋以前在国有土地上劳动的农业生产者,却没有这种自由。他们不论是否占有土地,也不论实际占有土地多少,课租都是固定不变的。这种强制性,是国家农奴制经济的特征。

国家农奴制经济下的人身依附关系,是通过严格的户籍管理来控制的。国家严格控制着人口的数字,严厉禁止逃匿户口,以此来保证丁口定额课租的征收。这是一种特殊的人身依附方式。它采用超经济的、强制性的户籍控制,限制了劳动者的人身自由。

在豪强农奴制经济中,豪强是农奴主,它的剥削对象是被他们荫占的农奴。它以荫占户口、实行直接人身依附的方式,强迫农奴为他们提供剩余劳动。

[①]　《隋书》卷二十四《食货志》。

第一章 宋明理学的形成

在豪强农奴制经济范围内,豪强农奴主掌握着土地所有权。这种所有权,在北魏以前,非法成分占多数;至北魏以后,合法成分逐步有所增加。据史籍载,早在战国时,赵国的赵括就曾"视便利田宅可买者买之"①。西汉武帝时,宁成"买陂田千余顷"②。东汉樊重"开广田土三百余顷"③。西晋王戎"水碓周遍天下"④。东晋豪强"田池布千里","园囿拟上林"⑤。这些虽然都是非法的,但国家制止不了,因而他们实际上掌握着这部分土地的所有权。

豪强农奴制经济的主要特征,是劳动者对豪强的直接的人身依附。被荫占的农奴不入国家户籍,为豪强所控制。这种荫附制,由春秋战国延续、转变而来。杜佑说:"昔六国之亡,豪强处处而有",他们"一宗近将万室,烟火连接,比屋而居"⑥。这万室之中,大多数是被荫占的农奴。东晋实行"给客制度"⑦,公开鼓励豪强荫占户口,并明确规定"客

---

① 《史记》卷八十一《廉颇蔺相如列传》。
② 《史记》卷一二二《宁成传》。
③ 《后汉书》卷三十二《樊宏传》。
④ 《晋书》卷四十三《王戎传》。
⑤ 《抱朴子》外篇卷三《吴失篇》。
⑥ 《通典》卷三《乡党》。
⑦ 《南齐书》卷二十四《州郡志·南兖州序》。

皆注家籍"①。北魏时，也还往往是"五十、三十家为一户"②，"民多荫附，荫附者皆无官役。豪强征敛，倍于公赋"③。这种豪强荫占户口的制度，就是豪强农奴制。

秦代至隋以前，国家农奴制经济与豪强农奴制经济同时并存。随着生产力的发展、农奴争取解放的斗争的高涨和两个农奴主集团争夺的加剧，农奴制经济逐步衰落，出现了新的自由租佃制地主经济。至隋代逐步占据优势，经过隋唐的漫长风雨，至北宋得以巩固，自由租佃制遍及全国。

这种变化的首要表现是土地的逐步私有化。秦汉国家法律规定土地不准买卖，只是对某些豪强私自强占、买卖土地无力过问而已。但从北魏开始，国家便在法律上明文规定了部分土地的私有权。如每丁男给桑田二十亩，"不在还受之限"，可以买卖，但"不得卖其分，亦不得买过所足"，只能在二十亩范围内买卖。④北齐在宣武出猎以后，"始以永赐得以卖买"，并规定"迁邺之始，滥职众多，所得公田，

---

① 《隋书》卷二十四《食货志》。
② 《魏书》卷五十三《李冲传》。
③ 《魏书》卷一〇〇《食货志》。
④ 《魏书》卷一〇〇《食货志》。

悉从货易"[1]。隋代规定给各级官吏的"永业田","多者至一百顷,少者至四十亩"[2]。这些土地均为私有。隋代均田之后,土地实际上已基本私有化了。唐初规定,隋代公卿以下,直至民庶,只要未反抗过唐军,其"所有田宅,并勿追收"[3]。这实际上承认了绝大部分私有土地原封不动。因此,唐初的均田,是在很小的范围内进行的。唐初以后,再没有进行过"均田"和"授田",说明国家已不再有土地所有权了。

与土地私有化的进程相适应,国家按土地数量征收的土地税的比重在不断增加,而按丁口强制征收的定额课租的比重却越来越小。北魏课租,据《魏书·食货志》载,为"一夫一妇帛二匹,粟二石",按丁女为丁男的一半折算,丁男为一点三石。加上布调,至多二石。土地税据《魏书·肃宗纪》载,为"租亩五升"。每丁男授田六十亩,总数为三石,若其中二十亩桑田不交税,则为二石。课租与土地税的比例约为一比一。隋代和唐初的比例基本保持这个水平而略有下降,至唐中期杨炎实行两税法,"唯以资产为宗,不以丁身为本,

---

[1] 《通典》卷二《田制》下。
[2] 《隋书》卷二十四《食货志》。
[3] 《全唐文》卷一《加恩隋公卿民庶诏》。

资产少者则其税少，资产多者则其税多"①。当时人们的资产，主要是土地，可知杨炎以后，土地税是国家财政的主要来源。这个变化是在农奴的反抗和两个农奴主集团的争夺中缓慢地实现的。由于国家实行强制丁口课租，农奴一旦遭受天灾人祸，无法交纳，便不得不去充当豪强的荫附户。在那里虽然同样没有完全的人身自由，但豪强采用产品分成的剥削方式，无论年成好坏，都会有部分口粮度日。正是由于这个原因，所以，从秦汉至南北朝，豪强荫占的户口越来越多。即使两税法实行以前的唐前期，也一直存在着大量的"逃户"，他们所"逃"的，就是丁口定额课租。为了增加财政收入，国家便不能不增加土地税的比重，而减少丁口课租税额。实践证明，以土地税为主的税收制度，既是土地私有化的反映，也是与土地私有制相适应的。

与土地私有化同时出现的另一个重要现象是自由租佃制的发展。自由租佃制早在战国时代就出现了，但一直没有得到发展。在晋成帝时，曾尝试过"度田收租"税法，不久便废除了。北魏孝昌二年，曾允许百姓"借贷"均田之外的公田。这是国家实行租佃制的尝试。但是，在国有土地上实行

---

① 《陆宣公集》卷二十二《均节赋税恤百姓》。

自由租佃制,与土地私有化的趋势不相一致。在当时,只有那些土地私有者实行自由租佃制才最有生命力。于是,越来越多的地主,首先是企图与豪强竞争的庶族地主,实行了这种剥削方式。由于自由租佃制的发展和国家丁口课租的减少,直接生产者减少了无田而交租的痛苦,于是豪强农奴主直接而强制性的人身依附也就逐步失去了市场。他们不得不逐步放弃人身依附关系,实行自由租佃制。这样,豪强农奴制经济也就随之消亡了。

总之,中国封建社会从农奴制阶段向自由租佃的地主制阶段在经济上的转变,在隋代和唐初已基本完成。隋代和唐初实行的以较高丁口庸调为表现形式的税收政策,也在两税法实行以后得到了纠正。至杨炎两税法实行之时,以自由租佃为特征的地主制经济制度已基本完善和成熟。

二、隋唐政治制度的变革

在由农奴制经济向自由租佃的地主制经济转变的同时,隋唐时代,在政治上也发生了重大的变化。

秦至隋代以前,中国封建社会的基本矛盾是农奴主与农奴的矛盾。在这个主导矛盾之下,有三对重要矛盾同时起着作用。一是国家农奴主与农奴的矛盾；二是豪强农奴主与农奴的矛盾；三是国家农奴主与豪强农奴主的矛盾。由于这三种政治势力、三对重要社会矛盾同时在起作用，从而使中国封建社会的农奴制阶段呈现出各种错综复杂的现象。

就农奴来说，他们一方面必须向农奴主提供剩余劳动，受压迫，受剥削；另一方面又可以在两个农奴主集团之间进行选择。当新王朝建立伊始，重新均田的时候，他们可能转到国家农奴主一边，成为国家直接统治的农奴；而当天灾人祸，土地被兼并，无力交纳丁口定额课租时，又会弃家逃匿，转到豪强农奴主一边。当豪强农奴主的残酷压迫和剥削使他们难以生存时，他们便祈望国家农奴主运用国家政权的力量打击豪强；而当国家政权十分腐败，农奴无法生存被迫发动武装起义时，已经组织起来的农奴领袖又可能联合部分豪强共同打击国家农奴主。

由于两个农奴主集团既有共同的利益，又有各自的利益，因而二者的关系便呈现出既联合又争夺的局面。

他们的联合主要表现在对农奴阶级的统治上。国家农奴主为了对付农奴的反抗，不得不依靠豪强农奴主来支撑自己的政权。汉代的举荐选官制度和入粟拜爵制度，就是实行这种联合的重要途径。实行入粟拜爵制，能买得起官爵的主要是豪强农奴主。举荐制度也必然为豪强农奴主所垄断,出现"选士而论族姓阀阅"[1]"贡荐则必阀阅为前"[2]的状况。这种状况的进一步发展,到了曹魏时代,便以"九品中正制"的法律形式固定了下来。九品中正制的实权掌握在大小中正手中,他们"计官资以定品格,天下惟以居位者为贵"[3],形成了"上品无寒门,下品无势族"[4],"公门有公,卿门有卿"[5],"高门华阀有世及之荣,庶姓寒人无寸进之路"[6]的局面。唐人柳芳指出:"魏氏立九品,置中正,尊世胄,权归右姓已。其州大中正、主簿、郡中正、功曹,皆取著姓士族为之,以定门胄,品荡人物。晋、宋因之。"[7]九品中正制是国家农奴主与豪强农奴主联合专政的政治形式。对于这种形式出现的原因与实质,过去学术界未曾注意过。

国家农奴主与豪强农奴主在实行联合统治的过程中,又存在着时而缓和、时而激烈的争夺。他们在经济上主要是争

---

[1] 仲长统《昌言》。
[2] 王符《潜夫论·交际篇》。
[3] 《通考·选举一》。
[4] 《晋书》卷八十五《刘毅传》。
[5] 《晋书》卷三十九《王沈传》。
[6] 赵翼《二十二史札记》。
[7] 《新唐书》卷一九九《柳冲传》。

夺土地和农奴。国家农奴主企图阻止土地私有化的进程，经常制定法律诏令，限制土地买卖，如汉武帝时共侯佟"坐买田宅不法"被处死[1]，北魏规定职分田"更代相付，卖者坐如律"等。豪强农奴主则千方百计兼并土地，扩大土地的私有权，其例不胜枚举。他们在政治上主要是争夺政治权力。秦始皇统一六国，沉重地打击了旧的豪强势力，但"秦氏失驭，竞起为乱"[2]，许多豪强起而倒秦，项羽就是其中的一个。西汉皇帝曾多次徙大姓于关中，以"衰弱诸侯"[3]。武帝甚至规定"强宗大姓，不得族居"[4]。利用酷吏诛杀豪强的事件也不断发生。可以说，秦汉时代，在两个农奴主集团的争夺中，国家农奴主是处于优势地位的。魏晋以后，情况发生变化，国家农奴主势力不断削弱，豪强农奴主势力不断增强。九品中正制即是国家农奴主向豪强农奴主让步的一个表现。曹魏以后朝代的频繁更替，朝代更替又往往取禅让形式，正是由豪强农奴主势力强大，一度超过国家农奴主所造成的。

豪强农奴主势力不断增强，迫使国家农奴主不得不改变

---

[1] 《汉书》卷十六《高惠高后文功臣表》。
[2] 《通典》卷三《乡党》。
[3] 《汉书》卷七十《陈汤传》。
[4] 《后汉书》卷三十三《郑弘传》。

政策，开始重用寒门庶族地主，两个农奴主集团的联合专政由此开始瓦解。这种现象，起始于南北朝，结束于隋唐。

在南朝，"宋文世，秋当、周赳并出寒门。孝武以来，士庶杂选，如东海鲍照以才学知名。……领武官有制局监、外监，领器仗兵役，亦用寒人。爰及梁、陈，斯风未改"[1]。在北朝，西魏大统十一年（五四五），有诏书曰："自昔以来，州郡大夫，但取门资，多不择贤良，末曹小吏，难试刀笔，并不问志行。……今之选举者，当不限资荫，唯在得人。苟得其人，自可厮养而为卿相，则伊尹、傅说是也，而况州郡之职乎！"[2]隋唐实行科举考试制度，废除了九品中正制，标志着两个农奴主集团的联合统治转变为整个自由租佃的地主阶级统治。杜佑说："隋氏罢中正，举选不本乡曲，故里间无豪族，井邑无衣冠。"[3]至唐代，科举取士制度进一步完善，豪强势力受到进一步打击，以至"燕赵右姓，多失衣冠之绪；齐韩旧族，或乖德义之风。名虽著于州间，身未免于贫贱"[4]。豪强残余势力当然不会甘心这种局面，千方百计进行反抗。

---

[1] 《南史》卷七十七《恩幸传序》。
[2] 《北史》卷六十三《苏绰传》。
[3] 《通典》卷十七《选举》中。
[4] 《唐大诏令集》卷一一〇《诫励氏族婚诏》。

这种斗争贯穿于整个隋唐五代。安史之乱实质上是豪强残余势力向中央集权的最后一次大规模挑战，节度使制度则是中央集权向豪强残余势力的让步。节度使既有土地，又有人民，又有甲兵，又有财赋，集军政财权于一身，甚至父死传子，自择将帅，与隋以前的豪强无异。唐末五代，是豪强残余势力的疯狂时期。这种疯狂，是被农民起义的烽火彻底摧毁的。至北宋初期，自由租佃的地主阶级牢固地掌握了政权。在此后的中国封建社会中，也再没有发生过诸多豪强分裂割据的局面。

从隋代开始由地主阶级统治代替农奴主统治以后，在政治上出现了一系列新的现象。

首先，皇室过去既是农奴主阶级的政治代表，又是国家农奴制经济中的农奴主，掌握着全国很大一部分土地的所有权。隋代以后，皇室在经济上只是在皇庄范围内有土地所有权，经济势力大为降低。在政治上，地主阶级也要求皇帝只作为整个地主阶级的政治代表出现，并希望皇帝以整个地主阶级的利益为重。唐初大臣限制皇帝权力，劝说皇帝公正廉明，是这种新局面的序幕。贞观初年，南平公主下嫁王珪之子王敬直，王珪要求公主行家礼，希望"主上循法度"，"以成国家之美"，是这种变化的一个表现。"其后公主降，有舅姑者备礼，本于珪"①。皇帝和皇室被要求"循法度"，强调法度的权威重于皇帝的权威，实质上是强调整个地主阶级的利益重于皇帝和皇室的狭隘利益。

第二，地方官吏由科举考试产生，吏部委派，改变了豪强把持地方政权的局面。过去，地方官由豪强充任，权力很大，"其所具僚，则长官自辟"②。北周、北齐时，地方佐吏已多由吏部选派。隋唐将它确立为制度，在全国实行，"大小之官，悉由吏部"③。而且一般不准在本郡县做官，连县佐也须用别郡人。这就使政治权力与经济势力、宗族势力相脱离，对豪强残余势力是个沉重的打击。

第三，农奴解除了严格的户籍依附和荫占依附，获得了原来不曾有过的人身自由。解放了的农民，强烈反对暴政，要求实行仁政，以保持相对安定的生活。新兴的实行自由租佃的地主阶级也希望实行仁政，以缓和阶级矛盾，巩固自己的地位。北魏、西魏和北周的改革，是这种呼声的前奏。隋唐时代，这种呼声更高。宋明理学政治理论的产生，正是这种呼声高涨的必然结果。

---

① 《新唐书》卷九十八《王珪传》。
② 《隋书》卷五十五《刘炫传》。
③ 《隋书》卷五十五《刘炫传》。

第四，地主阶级对农民的统治，不能再完全依靠人身依附，不能再实行农奴制时代的那种残暴的方式，不得不另寻新途。加强思想道德统治，建立新的道德准则，并用政权、法律、教育、舆论的力量强制推行，便是他们可能选择的主要手段。由于新的儒学一时没有建立起来，统治者便利用佛教的三世轮回、因果报应等学说来统治人民思想，隋唐佛教因而鼎盛起来。北宋理学产生后，社会伦理关系明显强化，新的统治手段完整地建立了起来。政治统治向仁政方向推进，伦理链条取代人身依附链条，虽然还是枷锁，但毕竟是一种人道主义的解放，一个历史的进步。

总之，中国封建社会从农奴制阶段向自由租佃的地主制阶段在政治上的转变，经历了一个漫长的斗争与反复的过程。它在隋代与唐初基本上取得胜利，唐中期以后又出现了较长时期的豪强叛乱与割据的局面，经农民起义的荡涤，扫除了豪强残余势力，至北宋初才算真正巩固下来。

三、隋唐意识形态的变革

与上述经济、政治上的变革相适应，隋唐时代在意识形态上也发生着重大的变化。

（一）天人感应论被清算

作为统治思想的天命论，在隋唐以前，曾经经历了两个发展阶段：第一阶段是在夏商周时代，认为天具有崇高无尚的绝对权威，天创造了人间的一切，永远主宰着人间，并且是不经过中间环节的直接的创造和主宰。我们可以把它叫做"原始天命论"。所谓"有夏服天命"[1]，所谓"帝其令雨"，"帝其令风"[2]，所谓"非我小国敢弋殷命，惟天不畀"[3]等等，就是这种直接创造和主宰的原始天命论的表现。第二阶段是封建社会的农奴制阶段，这时的天命论表现为天人感应论。认为天在创造万物和人类以后，便不再直接主宰，而是通过灾异和祥瑞的形式向人们发出谴告和奖励等暗示，通过人类中的知天意者（主要是天子）间接地主宰人世。天子是天的儿子，"王者承天意以从事"[4]。这种天命论，与原始天命论相比，降低了天的权威，提高了人的地位，因为天必须通过知天意的人才能主宰人世。天由直接主宰变为用暗示的方法间接主宰，也削弱了天子的权威，因为天子可以利用

---

[1] 《尚书·召诰》。
[2] 《殷墟文字乙编》。
[3] 《尚书·多士》。
[4] 《春秋繁露》卷七《尧舜禹汤》。

天的暗示来巩固自己的统治，豪强也可以利用天的暗示来改朝换代，甚至农奴起义也可以利用天的暗示来号召群众，如陈胜、吴广起义时的"鱼腹帛书"，黄巾起义时的"苍天已死，黄天当立"口号等。对于统治者来说，天人感应论的实际效用有三：一是可以继续用天意的权威来愚弄、役使劳动人民，巩固封建统治；二是在天子腐败时，大臣们可以利用灾异迷信来劝告、限制天子的行为，使天子适当收敛；三是在旧政权实在无可救药时，为改朝换代制造天意的依据。因此，天人感应论是两个农奴主集团都可接受的意识形态。

天人感应论盛行于两汉，是社会的统治思想。魏晋玄学盛行，南北朝佛教泛滥，天人感应论虽日趋衰落，但仍然具有最高的权威。魏晋和南朝各代的禅让，没有一个不打着祥瑞的旗号。随着社会的进步，天人感应论逐渐成为社会发展的障碍，被人们所厌弃。北魏孝文帝下诏焚毁图谶、秘纬，[1] 隋炀帝下令焚毁天下图纬，[2] 虞世南、魏征劝唐太宗修德不信瑞等，[3] 都表明了这种动向。

与此同时，天人感应论在理论上受到了一大批思想家的

---

[1] 《魏书》卷七《高祖纪》。
[2] 《隋书》卷二十七《经籍志》。
[3] 《贞观政要》卷十《灾祥》。

集中批判。王通斥责大讲灾异、祥瑞的西汉京房、晋代郭璞为"古之乱常人"①。唐初,卢藏用著《析滞论》,对天人感应论提出了批评。这种批评在唐中期达到高潮,其代表人物是刘知几、柳宗元和刘禹锡。刘知几说,所谓祥符,在秦汉以前,史书记载极少,秦汉以后此说泛滥,乃"主上所惑,臣下相欺"所致,故曰"德弥少而瑞弥多,政逾劣而祥逾盛"②。他又说,董仲舒、班固、刘向、刘歆、京房等人附会历史上的灾异与人事的关系,"皆不凭章句,直取胸怀",因而"每有叙一灾,推一怪,董、京之说前后相反,向、歆之解父子不同"③,互相抵牾,矛盾百出。他从事实与逻辑两个方面批评了天人感应论的谬误。

柳宗元对天人感应论和谶纬迷信进行了更为系统的批评。他认为这是一件"表核万代"的"大事",为此而战斗,"死无所憾"④。在批评中,他以道、德、仁、人等范畴作为决定国家兴亡、社会治乱的力量,指出"受命不于天,于其人;

---

① 《文中子中说·礼乐》。
② 《史通·书事》。
③ 《史通·书志》。
④ 《柳宗元集》卷一《贞符》。

休符不于祥,于其仁","德绍者嗣,道怠者夺"。①这里的"道"和"德",都是指人事而不是天命。柳宗元说:"圣人之道,不穷异以为神,不引天以为高,利于人,备于事,如斯而已矣。"②

刘禹锡进一步把"理""道"与"天"对立起来,认为理和道不明,必然崇尚天命;而一旦明白了理和道,天命也就失去了意义。他举例说:舟行小河,"舟中之人未尝言天者,何哉?理明故也"。舟行江海,"舟中之人未尝有言者,何哉?理昧故也"。在社会领域,"法大行,则其人曰:天何预人事耶?我蹈道而已"③。刘禹锡的"理",有自然规律的意义。在社会领域,理的意义是指"公是公非",即整个地主阶级的利益。"法大行,则是为公是,非为公非,天下之人蹈道必赏,违之必罚。"④这种"道",已与宋明理学之"理"十分接近了。

(二)援佛入儒思想的提出

佛教自东汉传入中国以后,在汉魏时期,人们认为它与黄老相似,信教的人很少。两晋时期,受豪强农奴主信奉的玄

---

① 《柳宗元集》卷一《贞符》。
② 《柳宗元集》卷三《时令论》。
③ 《刘禹锡集》卷五《天论》。
④ 《刘禹锡集》卷五《天论》。

学的影响，佛教的般若思想比较盛行。般若思想认为一切皆空，空即是法性、真如或佛性。时人认为般若学与玄学没有什么差别，甚至认为可以互相发明，因而佛教有了较大的发展，但信徒主要是在豪强贵族之中，与广大农奴没有什么关系。南北朝时期，随着农奴解放呼声的提高，佛教的涅槃思想开始传入中国并受到欢迎。涅槃思想认为一切众生都有佛性，不管是富人还是穷人，都能成佛。在这个根本问题上，一切众生都是平等的。再加上因果报应、劝人为善的思想，佛教便受到了广大百姓的欢迎。于是佛教在南北朝时期广泛地传播开来。隋唐时代，佛教进一步中国化。他们把佛教的佛性论与儒家的心性论结合起来，把佛性从外部世界移入人们的心中，提出一切万法尽在自身心中，应在自己心中顿现真如佛性。这同儒家的心性论已经十分接近。他们又把佛教的出世思想和儒学的入世思想结合起来，提出佛教徒也应履行君臣父子忠孝之道，甚至认为不出家也能修行，在日常生活中即能成佛。他们还把佛教的偈语与儒学的语录结合起来，采用简易的语言与口语化的形式，为普及佛学思想创造了条件。

首先指出儒学危机的是梁武帝时的郭祖深和荀济。郭祖深曾抬着棺材上书，指出："都下佛寺五百余所，穷极宏丽。

僧尼十余万，资产丰沃。所在郡县，不可胜言。"[1]要求禁止佛教。荀济指出："胡鬼堪能致福，可废儒道？……崇妖邪而行谄祭，又亏名教。五尺牧竖，犹知不疑。"[2]结果遭梁武帝斥责，逃到了北魏。唐初反佛者傅奕曾编历代反佛者事迹为《高识传》十卷，宣传反佛思想。武德年间，他又上书清除佛法，指出："妖胡滋盛，大半杂华。缙绅门里，翻受秃丁邪戒；儒士学中，倒说妖胡浪语。"[3]同时指出佛教窃人主之权，违伦理之常，与儒学理论实相违背。但傅奕没有取代佛教的新理论，只能抬出"上帝"来与佛抗衡，显得软弱无力。唐中期又一个反佛者姚崇，认为佛教无济于治国安邦，提出"佛不在外，求之于心"的观点，要以"心"来取代佛祖，比傅奕新鲜，致使唐中宗"纳其言，令有司隐括僧徒，以伪滥还俗者万二千余人"[4]，然而效果也是微小的。唐代反佛最烈者为韩愈。他认为佛、老之害过于杨、墨："杨墨交乱，而圣贤之道不明，则三纲沦而九法斁，礼乐崩而夷

---

[1] 《南史》卷七十《郭祖深传》。
[2] 《广弘明集》卷六《叙列代王臣滞惑解》。
[3] 《广弘明集》卷十一《箴傅奕上废省佛僧表》。
[4] 《旧唐书》卷九十六《姚崇传》。

狄横，几何其不为禽兽也？……释老之害，过杨墨。"① 他还指出佛教"不知君臣之义、父子之情"等违背封建纲常的问题。② 韩愈反佛的武器是没有充实新鲜内容的孔孟之学，同样显得软弱无力。

从北魏至五代的某些统治者，出于政治上的需要，或以儒学为依托，或以道教为依托，曾发动过四次大规模的灭佛事件，这就是历史上有名的"三武一宗灭佛"。北魏太武帝拓跋焘，声称自己是黄帝的后代，大崇儒学，重用儒士和道士，于太平真君七年（四四六）大灭佛教。但太武帝一死，文成帝即位，佛教再兴，更盛于前。北周武帝宇文邕信奉儒学天人感应论和道教，贬黜佛教，于建德三年（五七四）下令毁佛，近三百万僧尼还俗。但周武帝一死，宣、静二帝继位，复兴佛法，又胜于前。唐武宗李炎信奉道教，也为儒学考虑，于会昌五年（八四五）大灭佛教，对佛教的打击十分惨重。但一年多以后，宣宗即下令恢复佛教。五代后周世宗柴荣又于显德二年（九五五）废毁佛教，并亲自斫凿佛像，也同样未能把佛教限制住。

---

① 《昌黎集》卷十八《与孟尚书书》。
② 《昌黎集》卷三十九《论佛骨表》。

从南北朝至隋唐，不管儒者与某些统治者如何反佛、灭佛，佛教仍然十分兴旺，其根本原因在于佛教的涅槃学说、新的佛性学说、因果报应学说等理论，与当时社会的需要比较适应。而面对着新的社会制度，儒学却没有像样的内容与之相适应，它不能战胜佛教是必然的。这种形势，向儒学提出了一个极其尖锐的问题，即如何改造自己，补充新的内容，适应时代的需要。

隋唐时代，儒家中出现了与直接排佛不同的另一派学者，提出了"援佛入儒"的思想，希图从佛教中吸取有用的思想资料，来丰富自己，创造新的儒学。这个思想的第一个明确提出者是隋代的王通。他认为三教攻讦对统治不利，"政恶多门久矣"[1]。同时又认为佛教不完全适合中国国情，"西方之教也，中国则泥"[2]。而用行政手段毁灭佛教，"适足推波助澜，纵风止燎"。他认为，唯一的办法是三教统一："三教于是乎可一矣。"[3] "一"到哪里去呢？从他一生为实行周孔之道而奋斗，并以孔子自任的事实，可知他要把佛道二教"一"到儒学中来。唐代主张援佛入儒的最大代表是柳宗元。

---

[1] 《文中子中说·问易》。
[2] 《文中子中说·周公》。
[3] 《文中子中说·问易》。

他主张"统合儒释"①,认为儒释道"皆有以佐世",应"悉取向之所以异者,通而同之,……咸伸所长,而黜其奇衺。要之与孔子同道,皆有以会其趣"②。他感叹"夫子之道","不及浮图外说"③。为了"丰佐吾道"④,他主张吸收佛教中"与《易》《论语》合"的"中""本""蕴玉"部分,同时排斥其"缁而髡,无夫妇父子,不为耕农蚕桑而活乎人"的违背儒学传统的"外""迹""石"的东西⑤。柳宗元的这些思想显然比简单排佛要高明得多。但是,柳宗元对佛教的推崇毕竟是有些过分了。他没有强调取佛的目的是为了压倒佛教,维护儒学的统治地位。这个缺陷被李翱作了修正。

(三)新儒学思想萌芽的出现

隋唐儒学发展的总趋势,是力图抛弃旧的天人感应论,挖掘儒学中可以继续利用和发挥的内容,吸收佛道二教中有用的思想资料,对自身进行一番改造,以增强时代的适应性,

---

① 《柳宗元集》卷二十五《送文畅上人登五台遂游河朔序》。
② 《柳宗元集》卷二十五《送元十八山人南游序》。
③ 《柳宗元集》卷五《道州文宣王庙碑》。
④ 《柳宗元集》卷六《曹溪第六祖赐谥大鉴禅师碑》。
⑤ 《柳宗元集》卷二十五《送僧浩初序》。

获得新的生命力。在这个过程中,儒学提出了一些新思想的萌芽。这些萌芽主要是:

第一,道统。韩愈为了同佛教相抗争,模仿佛教法统说,编造了一个儒家的传道道统。他说:"尧以是(指道)传之舜,舜以是传之禹,禹以是传之汤,汤以是传之文、武、周公,文、武、周公传之孔子,孔子传之孟轲。"[1]他把儒家道统的起始上推至尧,大大早于佛教的释迦牟尼,对于儒学争夺统治地位大有助益,因而朱熹赞扬说:"如《原道》一篇,自孟子后无人似它见得"[2]。唐末的皮日休,五代末的柳开,宋初的石介,在韩愈道统说的基础上,又加上了扬雄、王通、韩愈、柳开等人,使道统延续了下来。

第二,道。隋唐儒学在批评天人感应论时,开始提高"道"的地位,企图以道来取代已经过时的天命。王通把道说成是仁义礼智信的统一,认为"物莫不从之"[3],"顺之则吉,逆之则凶","道不啬天地父母"[4]。韩愈明确地把道规定为道德修养的目标,指出:"博爱之谓仁,行而宜之之谓义,

---

[1] 《昌黎集》卷一《原道》。
[2] 《朱子语类》卷一三七。
[3] 《文中子中说·周公》。
[4] 《文中子中说·王道》。

由是而之焉之谓道，足乎己无待于外之谓德。仁与义为定名，道与德为虚位。"①柳宗元进一步把政治伦理之道与天地万物之道联系起来。道既是政治伦理准则，又是自然规律，当然是宇宙的最高准则了。刘禹锡又把道称作"理"，对理的地位和作用做了进一步的发挥。

第三，明道。在隋唐儒者眼中，道实质上是整个地主阶级利益的象征，是农奴制时代的"天"的代替物，因此，儒学的首要任务是"明道"也就是自然的了。王通提出儒者应"生以救时，死以明道"②，"君子之于道也，死而后已"③。柳宗元也以明道为己任。他说："苟一明大道，施于人世，死无所憾。"④韩愈发动古文运动，打出"文以明道"的旗号，说："盖学所以为道，文所以为理耳。"⑤五代末的柳开在此基础上进一步将明道之学称为"道学"，而将科举之学称为"禄学"，将二者对立起来。⑥

第四，性善情恶论。隋唐以前，西魏的苏绰首先提出："人

---

① 《昌黎集》卷一《原道》。
② 《文中子中说·周公》。
③ 《文中子中说·魏相》。
④ 《柳宗元集》卷一《贞符》。
⑤ 《昌黎集》卷三《答李秀才书》。
⑥ 柳开《河东集》卷一《续师说》。

受阴阳之气以生,有情有性。性则为善,情则为恶。"[1]这是儒家人性理论的发展。王通在此基础上提出了"以性制情"[2]的主张。他又将《尚书·大禹谟》中的"人心惟危、道心惟微"引入道德修养领域,提出了道心与人心的对立,并由此推出道与欲、道与利、德与功的对立问题。韩愈又提出性三品与情三品说,将孟子的性善说、荀子的性恶说和扬雄的善恶相混说结合起来,使儒学人性理论前进了一步,得到了南宋朱熹的赞扬。[3]柳宗元则提出了气廪说:"人之贤不肖、寿夭、贵贱,果气之寓欤?……余固以为寓也。"[4]并提出"失性"问题,为"复性"论奠定了基础。李翱特著《复性书》[5],对人性理论又有发展。

第五,修养程序论。隋唐儒者开始重视道德修养问题。修养有个程序。苏绰曾提出"凡理(治)之本,在先理己心""其次在理身",然后才可以"治人",其根本在于"洗心革意"[6]。韩愈第一次将《大学》中的"正心、诚意、修身、齐家、治国、

---

[1] 《周书》卷二《苏绰传》。
[2] 《文中子中说·述史》
[3] 《朱子语类》卷四。
[4] 《柳宗元集》卷十六《复吴子松说》。
[5] 《李文公集》卷三。
[6] 《北史》卷六十三《苏绰传》。

平天下"的论述提炼出来，作为道德修养的程序。李翱对此做了补充，后来被理学家所吸收、发挥与完善。

第六，敬静的修养方法。把道德修养的主要方法规定为"敬"和"静"，是佛教、道教对儒学的影响。王通说："敬慎所未见，悚惧所未闻，刻于盘盂，勒于几杖，居有常念，动无过事，其诚之功乎！"[1]柳宗元明确提出佛教主静的修持方法可以借鉴："吾浮图说后出，推离还源，合所谓'生而静'者。"[2]认为佛教主静与《乐记》中的"人生而静，天之性也"的精神是一致的，应当加以发挥利用。

综上所述，我们可以看到，整个隋唐时代，儒学正酝酿着一个重大的变革，酝酿由旧儒学向新儒学的转变。发生这个重大转变的原因是多方面的，如旧的天人感应论的衰落；佛道二教特别是佛教的盛行等等。但它最深厚的根源，是经济领域中由农奴制向自由租佃的地主制的转变，与随之发生的政治上的一系列重大变革。

---

[1] 《文中子中说·礼乐》。
[2] 《柳宗元集》卷六《曹溪第六祖赐谥大鉴禅师碑》。

四、理学的形成

宋朝建立后,在经济、政治、文化的各个领域,都沿着隋唐变革的方向继续前进。在经济上巩固了自由租佃制;在政治上接受安史之乱和唐末五代的教训,大力加强中央集权,削弱和打击割据势力;在文化上致力于仁政和伦理道德建设,鼓励儒家创建新儒学的努力。由于隋唐的长期酝酿和宋初对儒学的正确政策,作为新儒学的理学便应运而生了。

在经济上,北宋建国后,继续实行土地私有制和自由租佃制,把户籍明确分为主户与客户两类,主户指拥有土地的地主和自耕农,客户指没有土地的佃农。在税收上,除南方某些地区有少量身丁税以外,全部按土地收税。此时国家已不是这些土地的所有者,因而土地税纯属财政税收范围,不属于所有制关系中的分配关系,反映生产关系性质的是佃农向地主交纳的田租,一般按产量分成。当然农民的徭役仍然是繁重的,但它同样不属于所有制关系范围。

在政治上,北宋建国后,接受唐末五代教训,致力于加强中央集权。宋太祖赵匡胤首先扩大和加强禁军力量,并把禁军的指挥权牢牢掌握在自己手中。又规定地方兵权归各州,节度使成为无权的虚衔。又用文臣管理州事,并逐步用文臣分治各藩。这些措施，有效地防止了割据势力的复活，但矫枉过正，造成了北宋军力衰弱的大弊。在地方官制上，朝廷直接派朝官管理州、县事，称知州、知县，又设通判监州，并逐步取消了支郡的设置等等，皇帝不但直接控制了地方官的任免，而且把各州郡的行政权、财权、司法权全部集中到了中央。中央官制也作了相应的调整。在选官制度上，宋代科举更广泛地向文人开放，不分门第、乡里，只要考试合格，均可录取，"朝为田舍郎，暮登天子堂"，这进一步扩大了统治的基础。

在文化上，宋太祖实行"偃武修文"政策，广泛重用文臣，大力提倡儒学、佛教和道教，文化事业一时兴盛起来，思想道德统治不断增强。仁宗即位后，特别尊奉儒学，朝廷和地方官吏基本上都换上了科举中试的儒者。为了培养儒生，又采纳宰相范仲淹、宋祁的建议，在各州县设立学校讲授儒学，于是儒者讲学之风顿时兴盛起来。在这个讲学之风中，涌现出了一大批颇有贡献的儒者。其中首推被称为"宋初三先生"的胡瑗、孙复、石介三人。胡瑗（九九三——一〇五九）字翼之，泰州如皋人。范仲淹聘他为苏州府学教授，后又为湖州府学教授，有弟子数千人，被称为"安定先生"。官至太子中允，天章阁侍讲，主持太学。胡瑗讲学，立经义和治事两斋,经义斋讲学六经,治事斋研究致用。其弟子刘彝称其学为"明体达用之学""君臣父子,仁义礼乐,历世不可变者,其体也""举而措之天下,能润泽斯民,归于皇极者,其用也"。[①]孙复(九九二——一〇五七)字明复,晋州平阴人,居泰山讲学,学者称他为"泰山先生"。他在讲学中积极倡导仁义礼乐之学,认为"仁义礼乐,治世之本也,王道所由兴,人伦所由正"。并认为天道也有伦理道德属性,因为人伦也能上通于天。由此,他强调:"文者,道之用也;道者,教之本也。"[②]他的《春秋尊王发微》,重点在"尊王"上,与朝廷加强中央集权政策相呼应。石介(一〇〇五——一〇四五)字守道,在山东徂徕山下讲学,学者称他为"徂徕先生"。石介针对当时以杨亿为首的西昆派的浮艳文风,积极宣传文以载道的主张,言必诵道,语必谈道统。他认为道是天地万物的根本,既是君臣父子的准则,又是天地万物的准则。黄宗羲评论说:"宋兴八十年,安定胡先生、泰山孙先生、徂徕石先生始以师道明正学,继而濂洛兴矣。故本朝理学虽至伊洛而精,实自三先生而始,故晦庵有伊川不敢

[①] 《宋元学案》卷一《安定学案》。
[②] 《睢阳子集补》。

忘三先生之语。"① 除了三先生外，宋初为创建新儒学作出贡献的还有范仲淹、欧阳修、福建古灵"四先生"（陈襄、郑穆、陈烈、周希孟）等人。全祖望说："庆历之际，学统四起。齐、鲁则有士建中、刘颜夹辅泰山而兴。浙东则有明州杨、杜五子，永嘉之儒志、经行二子，浙西则有杭之吴存仁，皆与安定湖学相应。闽中又有章望之、黄晞，亦古灵一辈人也。关中之申、侯二子，实开横渠（张载）之先。蜀中有宇文止止，实开范正献公之先。筚路蓝缕，用启山林，皆序录者所不当遗。"② 经全国各地一大批儒者的共同努力，新的儒学终于在宋仁宗庆历至神宗熙宁年间正式形成了。

公认的理学开山祖师是周敦颐。周敦颐（一〇一七——一〇七三）字茂叔，谥元，称元公。因书堂名濂溪，故学者称他为濂溪先生。曾任县主簿、县令、州判官、州通判、知州军。主要著作有《太极图说》《易通》（又称《通书》）《爱莲说》等。《太极图》画的是太极——阴阳——五行——男女——万物的宇宙生成图式，源出于道教。据朱震说："陈抟以《先天图》传种放，种放传穆修，穆修传李之才，之才

---

① 《宋元学案》卷二《泰山学案》。
② 《宋元学案》卷六《士刘诸儒学案》。

传邵雍。放以《河图》《洛书》传李溉,李溉传许坚,许坚传范谔昌,谔昌传刘牧。穆修以《太极图》传敦颐,敦颐传程颢、程颐。"①《先天图》包括《河图》《洛书》与《太极图》,出于五代末宋初华山道士陈抟,其中《太极图》由穆修传给了周敦颐和二程,成为理学阐述宇宙生成论的依据。朱熹说:《太极图说》"乃百世道术渊源之所系"②。《易通》一书共四十章,展示了周敦颐理学思想的体系,包括宇宙论、人性论、道德论、文论、政治论等。朱熹说:《易通》"大抵推一理、二气、五行之分合,以纪纲道体之精微;决道义、文辞、利禄之取舍,以振起俗学之卑陋。至论所以入德之方,经世之具,又皆亲切简要,不为空言。顾其宏纲大用,既非秦汉以来诸儒所及;而其条理之密,意味之深,又非今世学者所能骤而窥也"③。周敦颐在这两部著作中,提出了无极、太极、阴阳、五行、动静、性命、善恶、主静、鬼神、死生、礼乐、诚、无思、无为、无欲、几、中、和、公、明、顺化等问题和范畴,为后来的理学家所反复讨论。周敦颐的思想体系是理学体系的雏形,与隋唐至宋初的儒者相比,发生了

---

① 《宋史》卷四三五《朱震传》。
② 《朱文公文集》卷七十一《记濂溪传》。
③ 《朱文公文集》卷八十一《周子通书后记》。

质的飞跃，只是理论尚不够完备，规模也不大。

与周敦颐同时的邵雍也对理学的形成作出了贡献。邵雍（一〇一一——一〇七七）字尧夫，谥康节，先世河北范阳人，后移家衡漳（今属河北），晚年定居洛阳。他多次辞官不仕，与司马光、吕公著、富弼、祖无择等人关系密切。主要著作为《皇极经世书》，共十二卷。书中用道教象数学的理论和方法阐述了他的思想体系。象数本指《周易》卦爻象征的事物与相互组合的数字关系。汉代易学用它来解释宇宙万物的构成和演化现象。玄学兴起后，儒者不再讲象数。至五代末道士陈抟，积极倡导和传授象数学。朱震说："陈抟以先天图传种放，放传穆修，修传李之才，之才传邵雍。"[①]《宋史·邵雍传》也说："北海李之才摄共城令，闻雍好学，尝造其庐。谓曰：'子亦闻物理性命之学乎？'雍对曰：'幸受教。'乃事之才，受《河图》《洛书》、宓牺八卦、六十卦图象。"邵雍依据象数学，进行了新的创造，用数字的排列和组合来论述宇宙生成和演化的规则，从而展开他的思想体系。由于邵雍特别注重象数学，所以后人把他视为理学象数派的开创者和主要代表。

[①] 《宋史》卷四三五《朱震传》。

理学的奠基者还有关中地区关学的创始人张载。张载（一〇二〇——一〇七七）字子厚，先世为大梁（今河南开封）人，后迁居凤翔府眉县横渠镇（今陕西眉县横渠乡），学者称他为横渠先生。曾官崇文院校书，后辞职还乡。著作主要有《正蒙》《易说》《经学理窟》《语录》和《文集》。张载对理学的第一个重要贡献是把气作为宇宙万物的本原和本体。"气"本是中国古代哲学、医学和自然科学中常用的范畴，后来在道教宇宙生成论与内丹术中有所发展。张载把古代关于气的思想与《周易》结合起来，用气的聚散来说明万物的变化和宇宙的结构。张载对理学的第二个重要贡献是提出了"理一分殊"的思想。在张载这里，"理"是用"天性"来表示的。他认为人和天地万物都是气的聚散，当其聚时，都要禀受天性。这"天性"实际上就是"理"，因而二程将他的这一思想概括为"理一分殊"。张载对理学的第三个重要贡献是提出了"天地之性"与"气质之性"的理论，初步完成了理学人性论的创建工作。天地之性即天性，气质之性是由气的品质（刚柔、缓速、清浊）的不同造成的。这个理论既说明了人性本善的问题，又说明了善恶、智愚的原因，并说明了气质可以改变，道德修养的目的就在于改变气质。这个理论使儒学的人性理论达到了比较纯熟的程度，它既指出了人的天性平等的一面,又指出了人性的差别,比佛教的佛性论更为完善。用这个理论来与佛教的佛性论相抗衡,是完全能够取胜的,因而朱熹特别赞扬它,说:"气质之说,起于张程,极有功于圣门,有补于后学,前人未经说到,故张程之说立,则诸子之说泯矣。"①张载对理学的第四个重要贡献是提出"心统性情"说,认为心是性与情的主宰,道德修养的主要任务是正心诚意,指出了道德修养的关键所在。朱熹对此极为称赞:"伊川'性即理也',横渠'心统性情',二句颠扑不破。惟心无对,'心统性情',二程却无一句似此切","性对情言,心对性情言。今如此是性,动处是情,主宰是心。横渠云'心统性情者也',此语极佳"。②

使理学趋向于完善,成就理学典型形态的理学家是北宋的程颢、程颐兄弟。程颢(一〇三二——一〇八五)字伯淳,洛阳(今属河南)人,学者称他为明道先生。程颐(一〇二三——一一〇七)字正叔,学者称他为伊川先生。程颢曾任县主簿、县令、太子中允、京正寺丞。程颐曾任国子监教授、崇正殿说书、权判西京国子监职。他们的学说被称为"洛学",著

---

① 《张子全书》卷二《正蒙·诚明篇》朱熹注文。
② 《张子语录·后录下》,见《张载集》,中华书局一九七八年版第三三八页。

作被后人辑为《河南二程全书》,包括《粹言》二卷、《遗书》二十五卷、《外书》十二卷、程颢《文集》五卷、程颐《文集》八卷、《易传》四卷、《经说》八卷。二程青年时从学于周敦颐,受周敦颐影响很大。后与张载关系密切。张载是二程之父程珦的表弟。二程称张载为表叔,受张载影响较深。二程从张载那里吸取了理一分殊、天地之性与气质之性等理论,把张载的一些命题扩充、发展为理学的重要命题,并创造性地提出了一些新的理学理论。他俩的主要贡献有:第一,二程十分重视《周易》,并把《大学》《中庸》《论语》《孟子》抬高到与六经相同的地位,认为只有通过这四本书,才能进一步通达六经。《四书》后来风行于天下,最初是出于二程的提倡。第二,提出了极为重要的"天理"范畴。程颢说:"吾学虽有所受;'天理'二字却是自家体贴出来"。[①]在二程这里,天理既是宇宙的本原和本体,又是封建制度和封建道德的最高准则,还是天地万物的本性和规律。张载以气为宇宙本原与本体,同时又提出了天性范畴,二程把天性发展为天理,但对天理与气的关系却没有明确论述,这个问

---

① 《河南程氏遗书》卷十二。

题是后来的朱熹解决的。第三，提出了"性即理"①的命题，把人的天地之性与天理统一了起来，指出天地之性就是天理，这就使理学人性理论更为完善了。程颐说："性与天道（即天理），一也，天道降而在人，故谓之性。"②朱熹对这一命题十分赞赏，说此语"颠扑不破"③。第四，提出了"灭私欲，存天理"的思想。二程说："人心私欲，故危殆。道心天理，故精微。灭私欲则天理明矣。"④"人只要存一个天理。"⑤这个思想后来被朱熹归纳为"存天理，灭人欲"命题，成为理学道德修养的主要任务。第五，对《大学》的"格物致知"作出了新的解释，认为格物主要是穷究事物之理，这是道德修养的起点和基础，而治天下国家，是道德修养的终点和目的。

到二程这里，理学的基本理论已经具备。新儒学经过漫长、曲折、艰苦的努力，终于形成了。理学的形成，使中国古代思想的面貌为之一新，使封建社会自由租佃制阶段的经济、政治、文化互相协调，互相适应，从而促进了封建社会的发展。

---

① 《河南程氏遗书》卷二十二。
② 《河南程氏遗书》卷十八。
③ 《张子语录·后录下》，见《张载集》第三三八页。
④ 《河南程氏遗书》卷二十四。
⑤ 《河南程氏遗书》卷十八。

第二章　理学程朱派的基本理论

由于某些理论和观点的不同，理学可以分为若干派别。北宋至明中叶以前，主要有三派：以二程和朱熹为代表的道学派，又称程朱派，是理学的典型形态；以陆九渊和王守仁为代表的心学派，又称陆王派；以张载和王廷相为代表的气一元论学派。有人认为张载、王廷相不是理学家，甚至认为王廷相是反理学的思想家，这种看法值得商榷。对于气一元论派为什么应该是理学家而不是反理学思想家的问题，因需要详细辨证，而本书的篇幅又有限，所以就不专门介绍了。

作为理学典型形态的程朱派，其主要代表人物是周敦颐、二程和朱熹。朱熹（一一三〇——一二〇〇）字元晦，号晦庵，徽州婺源（今属江西）人，后侨居建阳（今属福建）。朱熹幼年受其父朱松影响较深。朱松曾师事二程后学罗从彦，罗是杨时的弟子，杨又是二程的弟子。朱熹二十四岁后从学于罗从彦的弟子李侗,受李侗的影响很大。十九岁登进士第后,历任左迪功郎、泉州同安主簿、知南康军、提举两浙东路常平茶盐公事、江西提刑、漳州知府、潭州荆湖南路安抚使、焕章阁侍制兼侍讲。著作十分丰富,主要有《朱子大全》一百二十一卷,其中文集一百卷、续集十一卷、别集十卷、《朱子语类》一百四十卷,以及《四书集注》《伊洛渊源录》《近思录》《楚辞集注》等。朱熹广泛吸收了理学先辈的优秀成果,并加以发挥、补充、完善,建立了一个完整而庞大的理学体系,成为理学的集大成者。

一、宇宙生成论

关于宇宙间天地万物的生成与演化的问题,在理学产生之前探讨得不多。原始天命论是一种纯粹的信仰,相信天是万物和社会的主宰。先秦的道家老子试图打破对天的信仰,认为道才是宇宙的本源,道生一,一生二,二生三,三生万物。但道究竟如何生出万物,却没有详细论述。汉儒对《易·系辞上》"易有太极,是生两仪,两仪生四象,四象生八卦"的宇宙生成图式作了若干发挥,其后的道教也对老子的宇宙生成图式作了演绎,但都不够系统,说法也不统一。周敦颐在古代易学和道教象数学的基础上，利用太极图，阐述了他的宇宙生成和演化的思想。朱熹又在对周敦颐《太极图说》的解释中进一步完善了这一思想，并在其他著作中进行了发挥。二程和朱熹又在此基础上展开了理一分殊、理气关系等重要的理学思想。

（一）太极与阴阳

朱熹认为，按太极规则组合起来的阴阳二气是宇宙的本原。周敦颐说："无极而太极。太极动而生阳，动极而静，静而生阴。静极复动。一动一静，互为其根；分阴分阳，两仪立焉。"① 朱熹以后的理学家都不大讲无极。朱熹因有人把"无极而太极"解释为"无极生太极"，才作了许多辩解。朱熹说："上天之载，无声无臭，而实造化之枢纽，品汇之根柢也。故曰无极而太极。非太极之外复有无极也。"② 他认为无极是指无声无臭，无形象，无方所，指的是阴阳未分、万物未生之前的混沌状态。太极是说它是天地万物的根本，是天地万物变化的枢纽。他又说："不言无极，则太极同于

---

① 《太极图说》。
② 《太极图说解》。

一物，而不足为万化之根；不言太极，则无极沦于空寂，而不能为万化之根。"[1] 他认为，无极的意思是说太极不是一个有形象、有声臭的实物，因为任何一个实物都不能成为宇宙的根本；太极的意思是说无极并不是老子和道教所说的无，而是有，因为无不能生有，不能成为宇宙的根本。因此，"无极而太极"所表示的意思，就是"太极"既不是实物，又不是虚无的这样一种特性。

那么，太极究竟是什么呢？朱熹认为太极就是天理，"太极只是一个理字"[2]。"总天地万物之理，便是太极。"[3] 而理又是与气相互依存的一个事物的两个方面，气是物质，理是"当然之则"[4]，是气和事物的结构规则。朱熹说："天下未有无理之气，亦未有无气之理。"[5] "既有理，便有气；既有气，则理又在乎气之中。"[6] 既然理在气中，那么总天地万物之理的太极自然也是在气之中了。朱熹的看法正是如

---

[1] 《朱文公文集》卷三十六《答陆子美》。
[2] 《朱子语类》卷一。
[3] 《朱子语类》卷九十四。
[4] 《大学或问》。
[5] 《朱予语类》卷一。
[6] 《朱子语类》卷九十八。

此。他说:"盖太极是理,形而上者;阴阳是气,形而下者。"[①]太极与气是两个概念,但并不是两个事物,就原始混沌的物质而言,它是阴阳之气;就气的结构规则而言,它是太极。因此,太极与气、理与气是同时存在的,本无先后之可言。但朱熹又认为,就某一事物所以成为该事物而言,理是本。他说:"天地之间,有理有气。理也者,形而上之道也,生物之本也;气也者,形而下之器也,生物之具也。"[②]比如人与动物、金属与水、桌子与茶杯,作为"生物之具"的气是相同的,它们所以成为不同的事物,是因气的结构规则即理不同。因此,朱熹认为理比气更重要,在重要性上排次序,应当是理在气先。他说:"以本体言之,则有是理,然后有是气。"[③]"此本无先后之可言,然必欲推其所从来,则须说先有是理。"[④]"推其所从来"就是追寻某物所以成为该物的原因,必然追到事物的结构规则即理上,所以说理比气更重要,理是事物的本体。

理学家常说"太极生阴阳",是不是说阴阳二气是太极

[①] 《朱子语类》卷五。
[②] 《朱文公文集》卷五十八《答黄道夫》。
[③] 《孟子或问》卷三。
[④] 《朱子语类》卷一。

所产生的呢？不是。朱熹说："太极只在阴阳之中，非能离阴阳也。"① 又说："五行阴阳，阴阳太极，则非太极之后别生二五，而二五之上先有太极也。"② 太极并不在阴阳之先，而是与阴阳同时存在，并且就在阴阳之中。那"太极生阴阳"的意思是什么呢？周敦颐说："太极动而生阳，动极而静，静而生阴。静极复动。"朱熹解释说："动极而静，静极复动，一动一静，互为其根，命之所以流行而不已也。""推之于前，而不见其始之合；引之于后，而不见其终之离也。故程子曰：'动静无端，阴阳无始。'非知道者，孰能识之！"③ 动与静、阳与阴互相产生，循环往复，没有开始，也不会终止。既然没有开始之时，自然就没有在它之前、产生它的事物了。因此太极是和阴阳之气同时存在的。当太极之气动的时候便是阳，静的时候便是阴。阴阳是太极之气的运动所表现出来的两种特性，而这种运动又是无始无终的。

朱熹把阴阳二气永恒运动的规律叫作"道"。他说："太极之有动静，是天命之流行也，所谓'一阴一阳之谓道'。"④

---

① 《朱子语类》卷五。
② 《朱文公文集》卷四十五《答杨子直》。
③ 《太极图说解》。
④ 《太极图说解》。

道是阴阳二气流行的规则。朱熹说:"一阴一阳之谓道,阴阳是气不是道,所以为阴阳者乃道也。"① 又说:"一阴一阳之谓道,阴阳气也,其所以一阴一阳循环而不已者,乃道也。"② 道与阴阳二气运动的关系,同太极(理)与阴阳二气的关系相类似。任何事物都由阴阳二气所组成,但由于气的结构规则即理的不同,从而出现不同的事物。同样,任何事物的运动都是由阴阳二气的运动所造成,由于气的运动规则即道的不同,从而出现不同的运动形式。朱熹在太极与气的关系中认为太极更根本,同样,在道与阴阳二气运动的关系中,也认为道更根本。他说:"一阴一阳,虽属形器,然其所以一阴而一阳者,是乃道体之所为。"③ 太极是气的静态的结构规则,道是动态的运动结构规则,一个是空间的结构规则,一个是时间的结构规则,就结构规则而言,它们是相同的,都是形而上者。朱熹说:"语道体之至极,则谓之太极;语太极之流行,则谓之道,虽有二名,初无两体。"④ 既然都是结构规则,于是朱熹便常常将太极、天理(理)、

---

① 《朱子语类》卷七十四。
② 《朱子语类》卷九十五。
③ 《朱文公文集》卷三十六《答陆子静》。
④ 《朱文公文集》卷三十六《答陆子静》。

道三者混用，互相代替。

经过上面的考察，我们可以说，朱熹是把理和道作为宇宙的本体的。虽说有气必定有理，即太极，但太极在宇宙生成过程中起着比气更为重要的作用，因为只有它才决定事物的性质。

（二）天地万物的生成

理与气"本无先后之可言"，但"以本体言之"，"有是理，然后有是气"。朱熹认为，"气"是指阴阳二气。由阴阳二气到宇宙万物，中间要经历一个"五行"阶段。"五行"即水、火、木、金、土五种物质。它是由阴阳二气的不同组合而形成的，具有不同特性的物质元素。周敦颐在《太极图说》中说："阳变阴合，而生水、火、木、金、土。五气顺布，四时行焉。五行，一阴阳也；阴阳，一太极也；太极，本无极也。五行之生也，各一其性。"朱熹首先肯定"气"是天地万物的种子。他说："且如天地间，人物草木禽兽，其生也莫不有种，定不会无种子，白地生出一个物事，这个都是气。"[①] 这个气，就是阴阳二气。由阴阳二气组合而成的五行，是五

---

① 《朱子语类》卷一。

种物质元素，它们的本体，仍然是气。朱熹说："五行虽是质，他又有五行之气做这物事方得。然却是阴阳二气，截做这五个，不是阴阳外别有五行。"① 又说："天地之所以生物者，不过乎阴阳五行，而五行实一阴阳也。……盖以阴阳五行而言，则木火皆阳，金水皆阴，而土无不在。"② 由于阴阳二气成分比例和组合形式的不同，即结构的不同，木火呈现出阳的特性，而火的阳性更强；金水呈现出阴的特性，而水的阴性更强；土则阴阳平和，不相上下。

朱熹认为，阴阳二气与由阴阳二气组合而成的水火木金土五种物质元素，是构成天地万物的材料。天地万物就是阴阳五行凝聚而成的。朱熹说："阴阳，气也，生此五行之质。天地生物，五行独先。天地之间，何事而非五行？阴阳五行，七者衮合，便是生物的材料。"③ 朱熹还对五行产生的先后过程作了推测。他说："大抵天地生物，先其轻清，以及重浊。天一生水，地二生火，二物在五行中最轻清，金木复重于水火，土又重于金木。"④ 先生水火，再生金木，后生土。如此，

---

① 《朱子语类》卷一。
② 《孟子或问》卷一。
③ 《太极图说解·集说》，又见《朱子语类》卷九十四。
④ 《朱子语类》卷九十四。

则五行有轻重、清浊之分。朱熹认为,正是由于五行之气的轻重、清浊的不同,才产生了天地万物与人的区别。

关于天地和日月星辰的生成过程,朱熹说:"天地初间,只有阴阳二气。这一个气运行,磨来磨去,磨得急了,便拶许多渣滓,里面无处出,便结成个地在中央。气之清者便为天,为日月,为星辰,只在外常周环运转。地便只在中央不动,不是在下。"① 宇宙的原始状态,是一团按太极规则组成的阴阳二气的气团。由于阴阳二气的激烈、急剧的旋转运动,把轻清的气抛到了外面,而成为天空和日月星辰,使重浊的渣滓留在中央出不去,便形成为地球。地球又有一个由软变硬的凝聚过程。朱熹说:"初间极软,后来方凝得硬。""山河大地初生时,须尚软在。"② 他还用实地考察到的自然现象来论证地球由软变硬的可能性,使人耳目一新。他说:"天地始初,混沌未分时,想只有水火二者。水之滓脚,便成地。今登高而望,群山皆为波浪之状,便是水泛如此,只不知因甚么时凝了。……然水之极浊便成地,火之极清便成风霆、雷电、日星之属。"③ 这些见解,都是十分高明,超过前人的。

---

① 《朱子语类》卷一。
② 《朱子语类》卷一。
③ 《朱子语类》卷一。

（三）人类的生成

关于人类的生成过程，周敦颐在《太极图说》中说："无极之真，二五之精，妙合而凝。乾道成男，坤道成女，二气交感，化生万物。万物生生而变化无穷焉。惟人也，得其秀而最灵。"朱熹解释说："天地之初，如何讨个人种？自是气凝结成两个人，后方生许多万物。所以先说'乾道成男，坤道成女'，后方说'化生万物'。当初若无那两个人，如今如何有许多人？那两个人，便如而今人身上虱，是自然变化出来。"[①]他的学生问："生第一个时如何？"朱熹回答说："以气化，二五之精（即阴阳五行的精气——尹注），合而成形，释家谓之化生，如物之化生甚多如虱然。"[②]阴阳二气凝结化生出最初的两个人，一男一女，然后才繁衍成人类。这种观点当然是不科学的，但它与上帝造人的观点截然不同，认为人不是上帝创造的，而是阴阳二气自然凝聚所化生，对于扫除天命论，又有重大的意义。

朱熹认为，阴阳二气及其组成而成的五行之气有轻重、清浊、精粗之分，人类所得者为"二五之精"，即阴阳五行

---

① 《朱子语类》卷九十四。
② 《朱子语类》卷一。

的精英之气。他说:"无极二五,妙合而凝,凝只是此气结聚,自然生物。若不如此结聚,亦何由造化得万物出来?无极是理,二五是气。……二气五行,经纬错综于其间也。得其气之精英者为人,得其渣滓者为物,生气流行,一滚而出,初不道付其全气与人,减下一等与物也。"①又说:"只是一个阴阳五行之气,滚在天地中,精英者为人,渣滓者为物。"②所谓"精英之气"即是中医中所讲的"精气",它是人的生命存在的基础。

理学家认为,最初的两个人是精英的阴阳五行之气凝聚所化生,其后的人,是由这两个人繁衍出来的,但其后的人在出生时,仍然要禀受阴阳五行之气,并且有清浊、偏全的区别,禀其清者为圣为贤,禀其浊者为昏为愚。这就是张载首先提出来的"气质之性"理论,得到二程和朱熹的赞扬,并由二程和朱熹作了发挥和完善。

(四)理一分殊

理学家认为,在原始状态下,阴阳二气是按太极的规则

---

① 《朱子语类》卷九十四。
② 《朱子语类》卷十四。

组合起来的。朱熹说，"太极只是个极好至善底道理。"①太极是最完善的结构规则。在宇宙生成的过程中，当阴阳二气散为万殊，凝聚成天地万物和人类时，太极这个阴阳二气的最完善的结构规则，也衍变为天地万物和人类的结构规则。天地万物和人类的结构规则一方面保存了太极这个最完善的结构规则的完整信息，另一方面又具有自己不同于它物的结构，从而使自己与其他事物区别开来。这两个方面的结合，就是理学家的"理一分殊"说。朱熹说："理一分殊，合天地万物而言，只是一个理。及在人，则又各自有一个理。"②"天地之间，理一而已。然乾道成男，坤道成女，二气交感，化生万物，则其大小之分，亲疏之等，至于十百千万而不能齐也。……《西铭》之作，意盖如此，程子以为'明理一分殊'，可谓一言以蔽之矣。"③《西铭》是张载的著作，二程认为这篇文章说明了"理一分殊"的宗旨。

"理一分殊"的第一个含义，是说太极是万理的根源，万物都具有太极的完整信息。朱熹说："人人有一太极，物

---

① 《朱子语类》卷九十四。
② 《朱子语类》卷一。
③ 《张子全书》卷一《西铭解》。

物有一太极。周子所谓太极,是天地人物万善至好底表德。"①又说:"近而一身之中,远而八荒之外,微而一草一木之众,莫不各具此理。……然虽各自有一个理,又却同出于一个理尔。如排数器水相似:这盂也是这样水,那盂也是这样水,各各满足,不待求假于外。然打破放里,却也只是个水。此所以可推而无不通也。所以谓格得多后自能贯通者,只为是一理。释氏云:'一月普现一切水,一切水月一月摄。'这是那释氏也窥见得这些道理。濂溪《通书》只是说这一事。"②太极与气不同。气凝聚成天地万物和人类,这部分原始之气便不存在了,这是一个分裂与聚合的过程。太极衍变成万理之后,这万理虽各不相同,但万物中却仍然存在着一个完整的太极的信息,即最完善的结构规则的信息,这是一个如同"月印万川"的全息衍生过程。这个完整信息,在人性中,就是天地之性,是极好至善的。

"理一分殊"的第二个含义,是说天地万物与人类各有自己的不同结构规则,从而使万物具有不同的地位功能和作用。朱熹说:"万物皆有此理,理皆同出一原,但所居之地

---

① 《朱子语类》卷九十四。
② 《朱子语类》卷十八。

位不同，则其理之用不一，如为君须仁，为臣须敬，为子须孝，为父须慈，物物各具此理，而物物各异其用。"①他又举例说："如这片板，只是一个道理，这一路子恁地去，那一路子恁地去；如一所屋，只是一个道理，有厅有堂；如草木，只是一个道理，有桃有李；如这众人，只是一个道理，有张三，有李四。……如《西铭》言理一分殊，亦是如此。"②房屋中的厅与堂，草木中的桃与李，人类中的张三与李四，其所以不同，就是因为结构规则即理有所不同。但它们又都是太极之理衍变而来的，并且都具有太极的完整信息。这就是"理一分殊"。

理学的"理一分殊"理论，运用到人性论上，就是张载首先提出来的"天地之性"和"气质之性"的区分。"理一"是为天地之性，"分殊"是为气质之性。人人都具有太极的完整信息，即人人都有天地之性，这就是"理一"；各人所禀阴阳二气的清浊不同，从而阴阳二气的组合结构也不同，即气质之性不同，这就是"分殊"。

程朱派理学家从周敦颐的《太极图说》开始，到朱熹完成，建立了宇宙生成论的完整理论。这个理论继承和发展了

---

① 《朱子语类》卷十八。
② 《朱子语类》卷六。

隋唐儒学反对天人感应论的传统，比较彻底地把天命从哲学领域排除了出去，天命只剩下思想家难以控制的民间信仰的地盘了。从天人感应论到天理论，是人类认识史上的重大飞跃。这个理论的完整性和思辨性都达到了一定的高度，提出了太极、天理、道、阴阳、五行、理一分殊等成系列的范畴，其中一些虽然是古老的范畴，但却赋予了崭新的内容。这种完整性、思辨性和新鲜感，对于理学这个新的儒学获得新的生命力和吸引力，对于战胜佛道二教，挽救儒学衰败的局面，起到了一定的作用。这个理论的建立，还为新的理学人性论的创建打下了坚实的基础，不但使新的人性论有可能比较完整、比较新鲜，而且使人性论不再像过去那样，总是孤立地存在，而是同宇宙生成论紧紧联系到了一起，成了整个理学学说体系中的一个环节，支撑点更多，基础也更牢靠了。以上三点，便是理学宇宙生成论的主要意义。

二、人性论

人性论是自孟子以后思想家十分重视的课题。争论的重点，是人性的善恶、善恶的来源、人性能否改变以及如何改变等问题。

在原始天命论阶段，人们认为一切都是上帝的安排，人的善恶也不例外，因而一般不讨论这些问题。随着天人感应论这种"半天命论"萌芽的出现，人们逐步认为天命的依据，是政治的好坏和人事的善恶。于是开始重视人性问题。关于人性的善恶，先后出现过六种观点：一是性善论，以孟子为代表；二是性恶论，以荀子为代表；三是性无善无恶论，以告子为代表；四是性超善恶论，以庄子为代表；五是性有善有恶论，以董仲舒的"性三品"说为代表；六是性善恶相混论，以扬雄为代表。其中影响较大的是孟子的性善论和董仲舒的性三品论，但无论哪一派，都不能圆满解释善与恶的来源。认为善恶是先天而有的儒者，不能解释先天何以有善恶，也不能解释后天何以能改变先天的原因；认为善恶是后天习染的儒者，又完全否认了人群中的高低贵贱之分，在封建农奴制社会中自然难以立足。南北朝兴盛的佛教涅槃学说，大讲人人都有平等的佛性，人人都能成佛，对当时的农奴解放起到了推波助澜的作用。但这种理论毕竟与封建等级制度不合，于是唐中期以后，以韩愈、李翱为代表，重提性有善有恶论，李翱还改变了性有善有恶论的形式，继承南北朝时刘昼的性善性恶论，并把情与欲联系起来，为人性论增添了新的内容。但仍然不能满足社会的需要。至宋代理学形成，才使人性论中的许多问题得到比较圆满的解决。

（一）天地之性与气质之性

周敦颐首先在人性论上提出了一些新的思想，认为善恶是阴阳五行之气的性质所造成的。他说："无极之真，二五之精，妙合而凝。乾道成男，坤道成女。""形既生矣，神发知矣，五性感动，而善恶分，万事出矣。"① 周敦颐的论述十分粗糙，但却开了以气之性为善恶根源的新路。

张载明确提出了天地之性与气质之性的理论，这是他对理学的重大贡献。他说："形而后有气质之性，善反之，则天地之性存焉，故气质之性，君子有不性者焉。"② 什么是"天地之性"？朱熹说："论天地之性，则专指理言。"③ 二程说："性即理也。"④ 他这里所说的性，即指天地之性。按照"理一分殊"的理论，人的天地之性，是由极好至善的太极衍变而来的，在任何事物中都有太极的完整信息。所谓"人人有一太极，物物有一太极"，就是这个意思。人人具有的太极，

---

① 《太极图说》。
② 《正蒙·诚明》。
③ 《朱文公文集》卷五十六《答郑子上》。
④ 《河南程氏遗书》卷十八。

就是天地之性。由于太极是极好至善的,因而天地之性也是极好至善的。朱熹说:"其本然之理,则纯粹至善而已,所谓天地之性者也。"①

关于"气质之性",朱熹说:"论气质之性,则以理与气杂而言之。"② 理与气如何相杂?朱熹曾举例说明道:"性譬之水,本皆清也。以净器盛之,则清;以不净之器盛之,则臭;以污泥之器盛之,则浊。本然之清,未尝不在,但既臭浊,猝难得便清,故虽愚必明,虽柔必强也,煞用气力,然后能至。"③ 因为阴阳五行之气是"生物之具",是生物的材料,而这材料有轻有重,有清有浊,于是便把纯粹至善的天地之性污染了,这被污染了的天地之性,就是气质之性。由于污染的程度有轻有重,因而人便表现出善恶来,污染轻者为善,污染重者为恶。朱熹说:"天地间只是一个道理,性便是理,人之所以有善有不善,只缘气质之禀,各有清浊。"④ 气质是阴阳五行所为,"二气五行如何尝不正?只衮来衮去,

---

① 《论语或问》。
② 《朱文公文集》卷五十六《答郑子上》。
③ 《朱子语类》卷四。
④ 《朱子语类》卷四。

便有不正"①。又说:"人所禀之气,虽皆天地之正气,但衮来衮去,便有昏明厚薄之异。"②

既然气质之性是理与气相杂而成的,那么天地之性在人身上便不是独立的存在,它被不同程度地污染了,而被污染了的天地之性就是气质之性。因此,只有气质之性才是现实的存在,而天地之性只是一种信息,是就"本然"上而言的,即原来是极好至善的,或应该是极好至善的。由此,理学家得出结论说,学习与修养的目的就在于改变气质,使气质中的不好的成分逐步减少,直至消除,以恢复本然的天地之性。这时就成为圣人或贤人。

朱熹认为,气质之性对人的影响,不仅仅是个善恶问题,还包括智愚、性情、寿夭以及由此而来的贫富、贵贱等区别。他说:"禀得精英之气,便为圣为贤,便是得理之全,得理之正。禀得清明者便英爽,禀得敦厚者便温和,禀得清高者便贵,禀得丰厚者便富,禀得久长者便寿,禀得衰颓薄浊者,便为愚,不肖,为贫,为贱,为夭。天有那气,生一个人出来,便有许多物随他来。"③

---

① 《朱子语类》卷四。
② 《朱子语类》卷四。
③ 《朱子语类》卷四。

气禀说与命定论表面上有相似之处，但实质上是截然不同的。天命论认为命是不能由人改变的，而气质之性说却认为气质是可以改变的，并且，理学家提出气质之性说的目的，正在于告诉人们气质之性不是人的本然之性，气质是可以改变的，只要改变了气质，就可以为圣为贤。气质之性的提出者张载说："善反之，则天地之性存焉。"程颐说："禀其清者为贤，禀其浊者为愚。"他的学生问："愚可变否？"程颐说："可。孔子谓'上智下愚不移'，然亦有可移之理。惟自暴自弃者，则不移也。……使肯学时，亦有可移之理。"[4]朱熹也说："人之为学，却是要变化气禀，……人一向推托道气禀不好，不向前，又不得；一向不察气禀之害，只昏昏地去，又不得。须知气禀之害，要力去用功克治，截其胜而归于中乃可。"[5]改变气质，使自己成为善、贤、智、寿、富、贵之人，这是理学人性论的宗旨。

理学的天地之性和气质之性说，既指明了人的本性为善及为善的原因，又指明了人后天之性有善有恶及有善有恶的原因。既指明了人的本性有平等的一面，又指明了现实的人

---

[4]《河南程氏遗书》卷十八。
[5]《朱子语类》卷四。

性有善恶、智愚之分别的一面。既肯定了现实的等级差别，又肯定了只要经过努力，就可以为圣为贤的方向，使人有理想，有奔头。这种人性论，与经济领域中的自由租佃制和政治领域中的科举制比较适应。只要勤奋劳动，节俭持家，佃农也可买地而成为自耕农以至地主；只要勤奋学习，努力上进，田舍郎也可以登天子堂而获得富贵；只要加强修养，去除人欲，坏人也可以改恶从善，成为善人、贤人。正是由于这种人性论与经济、政治的适应性，才促进了封建经济和政治的发展，也使自身存在了数百年。

（二）道心与人心

"心"的现代意义是"思想"和"心理"。理学家认为，人的本性即天地之性，是极好至善的。现实的人性即气质之性有善有恶。由这种人性所决定，理学家认为，人的心也有道心与人心的区别。道心与太极、天理、天地之性相对应，人心与气质之性相对应。朱熹说："道心者，天理也。"[①] 它"原

---

① 《朱子语类》卷七十八。

于性命之正"①,"得于天地之正"②,"人心者则人欲也"③,它"生于形气之私"④,"如饥饱寒暖之类,皆生于吾身血气形体,而他人无与,所谓私也"⑤。"人心便是饥而思食,寒而思衣底心。""人心亦只是一个,知觉从饥食渴饮,便是人心。"⑥可见,道心发自天地之性,是极好至善的善心。人心发自气质之性,有善有恶。朱熹说:"人心者,气质之心也,可为善,可为不善。"⑦

由于天地之性是人的本性,即本然之性,是应该如此的人性,在现实中一般并不存在,所以发自天地之性的道心在现实中一般也是不存在的。由于气质之性是天地之性被气质污染了的人性,所以发自气质之性的人心,也是被污染了的道心,现实中存在的就是这个人心,它有善有恶,清除了恶便是道心。朱熹一再强调:"道心人心,本只是一个物事。"⑧

---

① 《朱文公文集》卷七十六《中庸章句序》。
② 《朱文公文集》卷三十六《答陈同甫》。
③ 《朱子语类》卷七十八。
④ 《朱文公文集》卷七十六《中庸章句序》。
⑤ 《朱子语类》卷六十二。
⑥ 《朱子语类》卷七十八。
⑦ 《朱子语类》卷七十八。
⑧ 《朱子语类》卷七十八。

人心的善恶如何区分？其标准是理。符合天理的便是善，违背天理的便是恶。"饥而思食，寒而思衣"等正当的、合理的心念，便是善；非分的、不合理的心念，便是恶。因此，人们应当通过教育、学习、修养来改变人心，使它接近于道心，使道心成为一身的主宰，这便是善。朱熹说："必使道心常为一身之主，而人心每听命焉，乃善也。"[1]

（三）理与欲、天理与人欲

道心之所求，是符合太极规则的理；人心之所求，是各人不同的欲望。理学家认为，人的一般欲望根源于气质之性，是理与气相杂而成的，有的好，有的不好。朱熹说："心如水，性犹水之静，情则水之流，欲则水之波澜，但波澜有好底，有不好底。欲之好底，如'我欲仁'之类；不好底则一向奔驰出去，若波涛翻浪；大段不好底欲则灭天理，如水之壅决，无所不害。"[2]所谓好的欲望，是指符合天理的欲望，反之为不好的欲望。欲望是人心所生，人人都有的，虽尧舜不能无。二程说："耳闻目见，饮食男女之欲，喜怒哀乐之变，

---

[1]《朱子语类》卷六十二。
[2]《朱子语类》卷五。

皆性之自然,今其言曰:必灭绝是,然后得天真。吾多见其丧天真矣。"[1]朱熹也说:"若是饥而欲食,渴而欲饮,则此欲亦岂能无?"[2]可见,理学家认为,饮食男女是性之自然,不应当禁绝。

气质之性有善恶之分,人的欲望也有合理与不合理之别。理学家把不合理的欲望称之为"私欲",或"人欲"。朱熹说:"饮食者,天理也;要求美味,人欲也。"[3]"如口鼻耳目四肢之欲,虽人之所不能无,然多而无节,未有不失其本心者。"[4]过与不过,主要在于合理与不合理,合理的即是"公",不合理的即是"私"。朱熹说:"天理人欲,同行异情。循理而公于天下者,圣人之所以尽其性也;纵欲而私于一己者,众人之所以灭其天也。二者之间,不能以发,而其是非得失之归,相去远矣。"[5]又说:"夫营为谋虑,非皆不善也,便谓之私欲者,只一毫发不从天理上自然发出,便是私欲。"[6]"此寡欲,则是合不当如此者,如私欲之类。若是饥而欲食,

---

[1] 《二程粹言》卷一。
[2] 《朱子语类》卷九十四。
[3] 《朱子语类》卷十三。
[4] 《孟子集注》卷七。
[5] 《孟子集注》卷二。
[6] 《朱文公文集》卷三十二《答张敬夫问目》。

渴而欲饮。则此欲亦岂能灭？但亦是合当如此者。"① "合当如此"，即应该如此，这就是天理；"合不当如此"，即不应该如此，这就是私欲，或称人欲。

关于理学的天理人欲概念，张岱年先生有一段诠释甚为精辟。他说："天有二义，一自然，二大公或普遍。理便是规律准则的意思。所谓天理，即自然的普遍的规律或准则。自然而普遍，则含括必然的意思。故所谓天理，亦可以说是必然的规律或准则。人欲一词，最易误会。《乐记》所谓人欲，指一人之欲，实与私欲同义。宋代道学中所谓人欲，亦即是私欲之意。在宋代道学，凡有普遍满足之可能，即不得不满足的，亦即必须满足的欲，皆不谓之人欲，而谓之天理。如饥而求食，寒而求衣，以及男女居室，道学皆谓之天理。凡未有普遍满足之可能，非不得不然的，即不是必须满足的欲，如食而求美味，衣而求美服，不安于夫妇之道而别有所为，则是人欲。所谓天理人欲之辨，其实是公私之辨。"②

由于人欲是"合不当如此"的私欲，因此，为了社会的和谐，就应当清除这些人欲，使人的欲望保持在"合当如此"

---

① 《朱子语类》卷九十四。
② 张岱年《中国哲学大纲》一九八二年八月新一版，第四五五页。

的天理范围之内。于是理学家提出了"存天理,灭人欲"的口号。程颢说:"人心莫不有知,惟蔽于人欲,则忘天理也。"[1] 朱熹说:"人之一心,天理存则人欲亡;人欲胜则天理灭。未有天理人欲夹杂者,学者须要于此体认省察之。"[2] 理学家认为,人的欲望,要么合于天理,要么违背天理,二者不能共存。违背天理的人欲将妨碍他人和集体、社会、国家的利益,不利于社会的和谐,因此,读书学习与道德修养的目的,就是要清除私欲,使自己的欲望符合天理。二程说:"灭私欲,则天理明矣。"[3] 朱熹说:"学者须是革尽人欲,复尽天理,方始是学。"[4] "圣贤千言万语,只是教人明天理,灭人欲。"[5] 只有革尽人欲,复尽天理,才是真正的学问。程朱派理学家又认为,要革尽人欲,复尽天理,也只有读书问学,走道德修养这一条路。朱熹说:"未知学问,此心浑为人欲;既知学问,则天理自然发见,而人欲渐渐消去者,固是好矣,然克得一层又一层,大者固不可有,而纤微尤要密察。"[6]

---

[1] 《二程遗书》卷十一。
[2] 《朱子语类》卷十三。
[3] 《二程遗书》卷二十四。
[4] 《朱子语类》卷十三。
[5] 《朱子语类》卷十三。
[6] 《朱子语类》卷十三。

第二章 理学程朱派的基本理论

理学的天理人欲之辨和"存天理,灭人欲"的口号,在封建社会的自由租佃制历史阶段,具有重大的社会意义。其一,它要求被统治的农民阶级把欲望控制在封建社会允许的范围内,不因欲望过高、得不到满足而起事作乱,影响社会安定。这对于农民来说,显然是一种束缚,一个枷锁,但与隋唐以前对农奴的人身束缚相比,仍然是一种进步。其二,它要求地主阶级中的成员节制个人的欲望,既不要侵犯国家和其他地主阶级成员的利益,又不要过度地剥削、欺压农民,这样才能加强地主阶级内部的团结,减少农民的反抗情绪,使社会保持和谐和稳定。这对于限制地主阶级对农民的剥削与压迫,将起到积极的作用。其三,作为理学家的理学而不是统治者的理学来说,它还要求皇帝要带头"存天理,灭人欲",以地主阶级的整体利益为重,不要过度享乐,最好能成为明君贤主,获得天下人的拥戴。这对于限制帝王和皇族的言行与生活,也将起到一定作用。总的来说,"存天理,灭人欲"口号的社会功效在于控制人们的欲望和需求,使它保持在可能的范围内,以维护社会的和谐与安定。这个宗旨和目的,在封建社会自由租佃制的初期和中期,是有进步意义的。因为社会要发展,必须要有一个和谐的气氛和安定的环境,对于一个新的自由租佃制的经济、政治制度来说,它需要巩固和发展，而"存天理，灭人欲"的口号在一定程度上能起到这样促进与维护这个新制度巩固与发展的积极作用。

但是，"存天理，灭人欲"的口号在实践中，特别是在封建社会后期，即明中叶资本主义萌芽产生以后，则在一定程度上起到了相反的作用。在实践中，封建帝王是最高的统治者，封建地主阶级控制着整个社会，他们虽然有时能听一听理学家的劝告，节制一下自己的欲望，以缓和一下社会矛盾，但在更多的情况下，他们总想放纵自己的欲望，而将"存天理，灭人欲"的矛头更多地对准农民，部分地改变了理学家的初衷。在明代中叶以后出现的资本主义萌芽，在封建统治者看来，基本上都属于人欲，在应该消除之列，于是"存天理，灭人欲"的口号便对资本主义萌芽起到了摧残、破坏的作用。即使在明中叶以前，这个口号也在实际上阻碍了资本主义萌芽的发生。中国资本主义萌芽发生晚、发展慢，与"存天理，灭人欲"的口号及其深刻影响是有关系的。

三、教育论

理学的人性论已经提出了改变气质、纯洁人心、消除私欲的任务。如何才能做到这一点呢？理学家提出了加强教育、道德修养、改良政治等重要主张。这三个方面是互相配合、紧密联系的整体,目的都是导人为善,保持社会的和谐与安定。

(一)教育的目的

理学家认为,教育的首要目的,在于改变气质,清除私欲,保存太极之理,恢复天地之性。朱熹说:"古之圣王,设为学校,以教天下之人。使自王世子、王子、公侯、卿大夫、元士之适子,以至庶人之子,皆以八岁而入小学,十有五岁而入大学。必皆有以去其气质之偏,物欲之蔽,以复其性,以尽其伦而后已焉。"① 如果"自天子至于庶人,无一人之不学",那么就会使"天下国家所以治日常多而乱日常少也"②。使人人恢复天地之性是教育的根本目的,具体地说,就是明五伦。"昔者圣王作民君师,设官分职,以长以治,而其教民之目,则曰:父子有亲,君臣有义,夫妇有别,长幼有序,朋友有信,五者而已。盖民有是身,则必有是五者,而不能以一日离;有是心则必有是五者之理,而不可以一日离也。是以圣王之教,因其固有,还以道之,使不忘乎其初。"③ 这五伦是天地之性

---

① 《朱文公文集》卷十五《经筵讲义》。
② 《朱文公文集》卷十五《经筵讲义》。
③ 《朱文公文集》卷七十九《琼州学记》。

所固有的，但因气质之偏、物欲之蔽，需要教育、引导，以复其初，"不忘乎其初"。因此，朱熹把这五条圣王教民之目，写进了他讲学的白鹿洞书院的《学规》和岳麓书院的《教条》中，并说："右五教之目，尧舜使契为司徒，敬敷五教，即此是也。学者，学此而已。"①只要做到了这五条，人们的关系就会融洽，社会就会和谐安定，封建社会就会日久天长了。

在封建社会的自由租佃制阶段中，由于实行了科举制度，因而教育还要承担另一个任务，就是培养符合五伦关系并有才能为民造福的清官廉吏。朱熹说："圣贤教人为学，非是使人缀缉言语，造作文辞，但为科名爵禄之计，须是格物致知、诚意、正心、修身，而推之以至于齐家、治国，可以平治天下，方是正当学问，诸君肄业于此，朝夕讲明于此。"②又说："国家建立学校之官，遍于郡国。盖所以幸教天下之士，使之知所以修身、齐家、治国、平天下之道，而待朝廷之用也。"③朱熹认为，即使是公卿子孙，如果不进行严格的教育，也不可任用为官；即使是草茅之士，如果经过教育，使他懂得了义理，也可以任用为吏。他说："今之公卿子孙，亦不可用者，

---

① 《朱文公文集》卷七十四《白鹿洞书院揭示》。
② 《朱文公文集》卷七十四《玉山讲义》。
③ 《朱文公文集》卷七十五《送李伯谏序》。

只是不曾教得,故公卿之子孙莫不骄奢淫佚。不得已而用草茅新进之士,举而加之公卿之位,以为苟胜于彼而已。然所恃者,以其知义理,故胜之耳。若更不知义理,何所不至!古之教国子,其法至详密,故其才者既足以有立,而不才者亦得以熏陶渐染,而不失为寡过之人,岂若今之骄骏淫奢也哉!"①

(二)教学的内容

理学家主张按照学生的年龄分设小学与大学两类学校,进行不同内容的教育。

关于小学,朱熹说:"人生八岁,则自王公以下,至于庶人之子弟,皆入小学,而教之以洒扫、应对、进退之节,礼、乐、射、御、书、数之文。"②在这些内容中,一部分是礼仪规矩,一部分是知识技能。小学教学内容的特点是以践行为主,而不重在讲道理。朱熹说:"小学是事,如事君、事父、事兄、处友等事,只是教他依此规矩做去。"至于道理,只要说个大概就行了,"教小儿只说个义理大概"。"小学者,学其事;

---

① 《朱子语类》卷一〇九。
② 《朱文公文集》卷七十六《大学章句序》。

大学者，学其小学所学之事之所以。""小学是直理会那事，大学是穷究那理因甚恁地。"①

关于大学，朱熹说："及其十有五年，则自天子之元子、众子，以至公卿大夫元士之适子，与凡民之俊秀，皆入大学，而教之以穷理、正心、修己、治人之道。"②大学的教学内容，一部分是修身为己，一部分是治国淑世，并且要通过前者以到达后者。"大人之学，穷理、修身、齐家、治国、平天下之道是也。"③大学教学内容的特点，是既重视文化知识的教育，更重视高深义理的教育。"小学涵养此性，大学则所以实其理也。忠、信、孝、弟之类，须于小学中出，然正心、诚意之类，小学如何知得，须其有识后，以此实之。"④大学教育的目标，是要使受教育者"无不有以知其性分之所固有，职分之所当为，而各俛焉以尽其力"⑤。"性分之所固有"，指的是人人本来具有的极好至善的天地之性。"职分之所当为"，指的是各人所承当的社会角色的义务和责任，包括在

---

① 《朱子语类》卷七。
② 《朱文公文集》卷七十六《大学章句序》。
③ 《朱文公文集》卷十五《经筵讲义》。
④ 《朱子语类》卷十四。
⑤ 《朱文公文集》卷七十六《大学章句序》。

家庭、社会和政府中的义务和责任。明白了这两点之后,便去努力实行,"各俯焉以尽其力",那就会天下太平,人民安居乐业了。这是理学家所盼望和为之奋斗的目标,在中国封建社会中,是很少、很难出现这种太平盛世的。

关于大学教育的教材,程朱派理学家主张博览群书,但在博览中,必须有轻重缓急先后之次序,不可随意乱看。朱熹对此说:"古之圣人作为《六经》以教后世。《易》以通幽明之故,《书》以纪政事之实,《诗》以导情性之正,《春秋》以示法戒之严,《礼》以正行,《乐》以和心。其于义理之精微,古今之得失,所以该贯发挥,究竟穷极,可谓盛矣。"[①]此外还应读史书,"先读《史记》,《史记》与《左传》相包,次看《左传》,次看《通鉴》,有余力则看全史"[②]。朱熹认为,在读这些书之前,必须先学《大学》《论语》《孟子》《中庸》这四书,懂得了根本的道理,才能不被他书所迷惑。"凡读书,先读《语》《孟》,然后观史,则如明鉴在此;而妍丑不可逃。若未读彻《语》《孟》《中庸》《大学》便去看史,胸中无一个权衡,多为所惑。"[③]如果读懂了四书,

---

① 《朱文公文集》卷七十八《建宁府建阳县学藏书记》。
② 《朱子语类》卷十一。
③ 《朱子语类》卷十一。

那么读什么书都不会被迷惑,读什么书都可以了。"如《大学》《中庸》《语》《孟》四书,道理粲然。人只是不去看,若理会得此四书,何书不可读,何理不可究,何事不可处?"① 在理学之前,《大学》《中庸》并未独立成书,《论语》《孟子》也没有六经地位高,到理学家这里,根据理论体系的需要,把四书抬到了高于六经的地位,这是教学内容上的重大变化。在四书中,理学家认为也有个循序渐进的先后次序。朱熹说:"某要人先读《大学》,以定其规模;次读《论语》,以立其根本;次读《孟子》,以观其发越;次读《中庸》,以求古人之微妙处。《大学》一篇有等级次第,总作一处,易晓,宜先看。《论语》却实,但言语散见,初看亦难。《孟子》有感激兴发人心处。《中庸》亦难读,看三书后,方宜读之。"② 为了引导人们读四书,朱熹经多年努力,特撰成《四书集注》,利用四书,发挥了理学的思想。元末明初以后,凡科举考试,多以四书的文句为题,以朱熹的集注为标准,影响极为深远。

---

① 《朱子语类》卷十四。
② 《朱子语类》卷十四。

（三）教学的方法

朱熹认为，教学与求学都有一定的方法，才能达到目的。他说："言教者，皆有不可易之法，不容自贬以殉学者之不能也。"① 朱熹关于教学方法的论述很多，这里介绍重要的几点。

第一，循序渐进。朱熹认为，无论教学还是求学，都必须由近及远，由易到难，由浅入深，遵守循序渐进的原则。他说："圣人之教，循循有序，不过使人反而求之至近、至小之中，博之以文，开其讲学之端；约之以礼，严其践履之实。"② "圣贤教人，下学上达，循循有序，故从事其间者，博而有要，约而不孤，无忘意凌躐之弊。今之言学者类多反此，故其高者沦于空幻，卑者溺于闻见，伥伥然未知其将安所归宿也。"③ 他主张循序渐进，反对两种不良的倾向：一是不先从事下学而妄想上达，此为躐等，必沦于空幻；二是专从事于下学而不想上达，虽非躐等，但溺于闻见。按朱熹的主张，必先上小学，再上大学；先教《大学》《论语》《孟子》《中庸》，再教六经，再教历史、诗文和诸子。

---

① 《孟子集注》卷十三。
② 《续近思录》卷十一。
③ 《续近思录》卷二。

第二，启发式。朱熹主张在教学中使用启发式方法，培养学生的自学和思考能力，反对满堂灌的注入式教学方法。他说："某此间讲说时少，践履时多。事事都用你自去理会，自去体察，自去涵养。书用你自去读，道理用你自去究索。某只是做得个引路底人，做得个证明底人，有疑难处同商量而已。"① 在这段话中，他认为教师主要有三大作用：引路、证明和解疑。教师应善于引导学生积极主动地去读书和探索问题。对此，朱熹又说："这道理不是如堆金积宝在这里，便把分付与人去，亦只是说一个路头，教人自去讨。讨得便是自底，讨不得也无可奈何。须是自著力，著些精彩去做，容易不得。"②

第三，因材施教。理学家认为，由于每个学生的气质不同，因而在教育中应采取不同的方法，才能收到好的效果。孔子曾把他的十大弟子分为德行、言语、政事、文学四科。朱熹说："目其所长，分为四科。孔子教人，各因其材，于此可见。"③ 又说："德行者，潜心体道，默契于中，笃志力行，不言而信者也；言语者，善为辞令者也；政事者，达于为国

---

① 《朱子语类》卷十三。
② 《朱子语类》卷一一七。
③ 《论语集注》卷六。

治民之事者也；文学者，学于《诗》《书》《礼》《乐》之文，而能言其意者也。盖夫子教人，使各因其所长以入于道。"①根据学生的长处进行重点培养，能使他早日有所成就，这种方法是行之有效的。但人的才能有大小之别，理学家认为，这是禀气清浊、厚薄所致，也是可以改变的。"圣贤施教，各因其材，小以成小，大以成大，无弃人也。"②没有不可改变的气质，没有不可教育的人，这种教育思想，充满了辩证精神。

第四，以正面教育为主。理学家主张，在学校教育中，应以正面教育为主，以防禁惩罚为辅，通过积极的正面教育，让学生懂得道理，自觉地严格要求自己。朱熹说："尝谓学校之政，不患法制之不立，而患理义之不足以悦其心。夫理义不足以悦其心，而区区于法制之末以防之，是犹决湍之水注千仞之壑，而徐爇萧苇以捍其冲流也，亦必不胜矣。"③又说："苟知其理之当然，而责其身以必然，则夫规矩禁防之具，岂待他人设之而后有所持循哉！"朱熹认为，如果学生有了自觉性，懂得了应该怎样去做，那么即使没有规矩禁防的约束，

---

① 《论语或问》卷十一。
② 《孟子集注》卷十三。
③ 《朱文公文集》卷七十四《同安县谕诸职事》。

也会做得很好。明代理学家王守仁曾批评某些学校、某些师长过于苛严的法规,说:"近世之训蒙稚者,日惟督以句读课仿,责其检束而不知导之以礼,求其聪明而不知养之以善;鞭挞绳缚,若待拘囚",结果使学生"视学舍如图狱而不肯入,视师长如寇仇而不欲见,窥避掩复以遂其嬉游,设诈饰诡以肆其顽鄙,偷薄庸劣,日趋下流。是盖驱之于恶,而求其为善也何可得乎?"[①]在这个问题上,理学程朱派与陆王派是基本相同的。

总的来说,理学家都十分重视教育,注意教学方法。朱熹曾把得当的教学比作及时雨,说:"草木之生,播种封植,人力已至,而未能自化。所少者,雨露之滋耳,及此时而雨之,则其化速矣。教人之妙,亦犹是也。"[②]

(四)求学的方法

理学家认为,教师的教学对学生的成长能起到十分重要的作用,但更为重要的,是学生自己的努力,因此,他们对求学方法十分重视。其重点大致有:

---

① 《阳明全书》卷二《训蒙大意示教读刘伯颂等》。
② 《孟子集注》卷十三。

第一,为学须先立志。立志即树立一个正确远大的目标。理学家要求学生要立志刻苦学习,改变气质,消除私欲,为善去恶,超凡入圣,做圣贤事业。朱熹说:"学者须是立志。今人所以悠悠者,只有把学问不曾做一件事看,遇事则旦胡乱恁地打过了。此只是志不立。""为学在立志,不干气禀强弱事。""学者大要立志,所谓志者,不道将这些意气去盖他人,只是直截要学尧舜。孟子道性善,言必称尧舜,此是真实道理。""立志要如饥渴之于饮食。才有悠悠,便是志不立。""今之朋友,固有乐闻圣贤之学,而终不能去世俗之陋者,无他,只是志不立尔。学者大要立志,才学,便要做圣人是也。"① 为学须先立志,不只是程朱派理学家的主张,陆王派理学家对立志重视的程度,更胜于程朱。

第二,为学须勇猛精进。理学家指出,立志以后,须刻苦努力,向圣贤目标奋进。朱熹说:"学者立志,须教勇猛,自当有进。""为学须是痛切恳恻做工夫,使饥忘食、渴忘饮,始得。""为学不进,只是不勇。""圣贤千言万语,无非只说此事。须是策励此心,勇猛奋发,拔出心肝与他去做。如两边擂起战鼓,莫问前头如何,只认卷将去。如此,方做

---

① 《朱子语类》卷八。

得工夫。若半上落下，半沉半浮，济得甚事！"① 这些要求归纳起来，就是不怕困难，不怕干扰，废寝忘食，刻苦努力。理学家要求学者特别要抓紧时间，不要懒惰和等待。朱熹说："今人做工夫，不肯便下手，皆是要等待。如今日早间有事，午间无事，则午间便可下手，午间有事，晚间便可下手，却须要待明日。今月若尚有数日，必直待后月，今年尚有数月，不做工夫，必曰：今年岁月无几，直须来年。如此，何缘长进！"朱熹认为，学者对于学习，应"如居烧屋之下，如坐漏船之中"②，不能有一刻松懈，不能有一刻停留。只有这样，学生才能有所长进。

第三，为学须反躬内求。理学家根据"理一分殊"的理论，认为每个人心中都有个极好至善的太极的完整信息，这就是天地之性，也就是天理，因此，要求学以明天理，首先必须向心中寻求，在日用常行中寻求，第二位的才是读书。朱熹说："许多道理，皆是人身自有底。""这个道理，与生俱生。今人只安顿放那空处，都不理会，浮生浪老，也甚可惜。""理不是在面前别为一物，即在吾心。人须是体察得此物诚实在我，

---

① 《朱子语类》卷八。
② 《朱子语类》卷八。

方可。"① 如仁义礼智,父慈子孝之类,都是人的天地之性中所固有的,只要清除掉气质、物欲之蔽,即可恢复。按照"理一分殊"理论,不仅"人人有一太极",而且"物物有一太极",因此,在日用常行之间深刻体察,也会明白天理。朱熹说:"今之学者自是不知为学之要。只要穷得这道理,便是天理。虽圣人不作,这天理自在天地间。……天地间只是这个道理流行周遍。不应说道圣人不言,这道理便不在。这道理自是长在天地间,只借圣人来说一遍过。"② 由此,理学家认为,日用常行,"自早至暮,无非是做工夫时节"③。读书虽十分重要,但已是第二位的事了:"读书乃学者第二事。""学问,就自家身己上切要处理会方是,那读书底已是第二义。自家身上道理都具,不曾外面添得来。"④

第四,为学须博览群书。程朱派理学家认为,读书虽然是第二位的事,但因为每个人自身经历的事情毕竟太少了,而书本上记载着前人、圣人经历过的事,这对于认识天理仍然是十分重要的。朱熹说:"盖人生道理合下完具,所以要

---

① 《朱子语类》卷九。
② 《朱子语类》卷九。
③ 《朱子语类》卷八。
④ 《朱子语类》卷十。

读书者，盖是未曾经历见许多。圣人是经历见得许多，所以写在册子上与人看。而今读书，只是要见得许多道理。及理会得了，又皆是自家合下元有底，不是外面旋添得来。"①程朱派理学家认为，只讲反躬内求而不讲博览群书，只讲博览群书而不讲反躬内求，都是错误的。朱熹说："务反求者，以博观为外驰；务博观者，以内省为狭隘，堕于一偏。此皆学者之大病也。"②陆王派理学家则强调反躬内求，明心见性，不太重视博览群书，在这一方面，两派有一些分歧。程朱派理学家所说的博览群书，并不是乱读与滥读。他们认为，应首先读圣贤的四书五经，立下根本，然后才可读史书、子书和其他书，否则读书越多反而越糟糕。同时，读书必须强调精熟，而不是一味贪多。朱熹说："大抵学者读书，务要穷究。'道问学'是大事，要识得道理去做人。大凡看书，要看了又看，逐段、逐句、逐字理会，仍参诸解、传，说教通透，使道理与自家心相肯方得。"③要精读、熟读，真正从中受到启发，明白自身心中的天地之性始得。不仅如此，读书必须与思考相结合，不能只读不思。朱熹说："夫子说：'学而不思则罔，

---

① 《朱子语类》卷十。
② 《朱子语类》卷九。
③ 《朱子语类》卷十。

思而不学则殆。'学便是读。读了又思,思了又读,自然有意。若读而不思,又不知其意味;思而不读,纵使晓得,终是卼臲不安。……若读得熟,而又思得精,自然心与理一,永远不忘。"①

第五,求学须守心持敬。理学家认为,天地之性表现为道心,气质之性表现为人心,人心是为物欲所蔽的道心,因此,求学的要领就在于清除物欲,坚守道心。朱熹说:"尧舜相传,不过论人心道心,精一执中而已。""盖此心本自如此广大,但为物欲隔塞,故其广大有亏,本自高明,但为物欲系累,故于高明有蔽。若能常自省察警觉,则高明广大者常自若,非有所增损之也。""所以明道说:圣贤千言万语,只是欲人将已放之心收拾入身来,自能寻向上去。""大概人只要求个放心,日夕照管今在。力量既充,自然应接从容。"理学家的"求放心""明本心",实与佛教禅宗的修行方法相似,但最终目的却有区别。正如朱熹所说:"今说求放心,说来说去,却似释老说入定一般。但彼到此便死了,吾辈却要得此心主宰得定,方赖此做事业,所以不同也。"②佛教明心见性,以见性为目标,不关治世之事;理学明心见性,

---

① 《朱子语类》卷十。

② 《朱子语类》卷十二。

以治国平天下为目标，一切为了社会的和谐安定，二者是截然不同的。那么，如何才能追回放心并坚守道心呢？理学家认为最重要的是"持敬"。朱熹说："敬字工夫，乃圣门第一义，彻头彻尾，不可顷刻间断。""程先生所以有功于后学，最是'敬'之一字有力。人之心性，敬则常存，不敬则不存。"所谓"敬"，就是"畏"的意思，"只是内无妄思，外无妄动""只收敛身心，整齐纯一，不恁地放纵，便是敬"①。概括地说，敬就是整齐严肃，心不妄想，身不妄动，一切心念和行动都不违背天理，即不违背封建制度和封建道德规范。《二程粹言》卷一载程颐的一段语录，说的也是这个意思："或问敬。子曰：'主一之谓敬。''何谓一？'子曰：'无适之谓一。''何以能见一而主之？'子曰：'齐庄整敕，其心存焉。涵养纯熟，其理著矣'"。所谓"主一无适"，就是心念只想着天理，即只想着按制度、规定去做，而没有任何胡思乱想与胡作非为。做到持敬，也就能明心见性了。

第六，求学须躬行践履。理学家认为，上述的一切都是为了掌握知识，明白义理。而明白义理并不是最终目的，最终目的是按照义理去行动，去践履，去修身齐家治国平天下。

---

① 《朱子语类》卷十二。

因此，程朱派理学家认为，知与行的关系，论先后，是知为先；论轻重，是行为重；知行互相促进，不能分离。朱熹说："知行常相须，如目无足不行，足无目不见。论先后，知为先；论轻重，行为重。""致知、力行，用功不可偏。偏过一边，则一边受病。……论先后，当以致知为先；论轻重，当以力行为重。"① "故圣贤教人，必以穷理为先，而力行以终之。"② 一方面，力行是明理的目的；另一方面，行与不行也是真知与假知的分水岭。"欲知知之真不真，意之诚不诚，只看做不做，如何真个如此做底，便是知至意诚。"③ 知先行后、知轻行重说，并不是要把知行分两截，先知了然后才去行，而是要齐头并进，"知与行，须是齐头做，方能互相发"④。如车之两轮，鸟之双翼，互相辅助，互相促进，缺一不可。"知与行工夫，须着并到。知之愈明，则行之愈笃。行之愈笃，则知之益明。二者皆不可偏废。"⑤ 理学家认为，力行的内容主要是修身、齐家、治国、平天下。但这些都必须从日用

---

① 《朱子语类》卷九。
② 《朱文公文集》卷五十四《答郭希吕》。
③ 《朱子语类》卷十五。
④ 《朱子语类》卷一一七。
⑤ 《朱子语类》卷十四。

常行间做起。"学者实下功夫,须是日日为之,就事亲、从兄、接物、处事理会取。其有未能,益加勉行。如此之久,则日化而不自知,遂只如常事做将去。"朱熹指出,像这样的力行,任何人都应该做,而且是可以做的。"人言匹夫无可行,便是乱说。凡日用之间,动止语默,皆是行处。且须于行处警省,须是战战兢兢方可。若悠悠泛泛地过,则又不可。"①

总之,理学家认为,只要每个人通过接受教育和刻苦求学,明白了天理与天地之性,并在实践中清除私欲之蔽,改变气质之性,一切按照封建制度和道德规范的要求去躬行践履,那么人人都可以成为善人,其中优秀者可以成为圣贤,这样,社会便会和谐安定了。当然,教育只是一个方面,还需加强个人道德修养和改良政治等多方面的相互配合,才能产生整体效应。

四、道德修养论

教育论,是从国家、学校对学生的教育的角度来讲的,道德修养论,则是从个人知识、品德的锻炼而言的。二者角

---

① 《朱子语类》卷十三。

度不同，但目的却一样。

（一）道德修养的宗旨与程序

关于道德修养的宗旨与程序，在二程与朱熹改定后的《大学》经文以及他们的解释中，讲得最为明白。

《大学》经文论道德修养的宗旨云："大学之道，在明明德，在亲民，在止于至善。"朱熹说："大学者，大人之学也。"他释"明明德"云："明，明之也。明德者，人之所得乎天，而虚灵不昧，以具众理而应万事者也。但为气禀所拘，人欲所蔽，则有时而昏；然本体之明，则有未尝息者。故学者当因其所发而遂明之，以复其初也。"[①] 通俗地说，第一个"明"字是动词，即"使它光明"的意思。后面的"明德"是一个词，意为光明的德性，实际上就是指天地之性。因天地之性被气禀所拘，人欲所蔽，便昏暗不明。道德修养的目的，就是要改变气质之偏，除去私欲之蔽，使天地之性重新光明起来。朱熹释"亲民"为"新民"，云："新者，革其旧之谓也，言既自明其明德，又当推以及人，使之亦有以去其旧染

---

① 《大学章句》。

之污也。"① 这句话的意思，实际上是说，在自己明明德之后，应推己及人，即教育别人，管理别人，使百姓们都明明德。因此，"明明德"一句为修己，"亲民"一句为治人，合起来即为修己治人。第三句是修己治人的目标，"在止于至善"。朱熹说："止者，必至于是而不迁之意。至善，则事理当然之极也。……盖必其有以尽夫天理之极，而无一毫人欲之私也。"② 最终的目标，是天地之性、道心、天理完全恢复光明，没有一丝一毫的私欲即过分的欲望存在。大家都如此，社会也就和谐安定，"天下平"了。

理学家借《大学》经文和传文论述道德修养的程序，并把原文作了调整。朱熹说："右经一章，盖孔子之言，而曾子述之。其传十章，则曾子之意而门人记之也。旧本颇有错简，今因程子所定，而更考经文，别为序次如左。"其经文云："古之欲明明德于天下者，先治其国；欲治其国者，先齐其家；欲齐其家者，先修其身；欲修其身者，先正其心；欲正其心者，先诚其意；欲诚其意者，先致其知；致知在格物。物格而后知至，知至而后意诚，意诚而后心正，心正而后身修，

---

① 《大学章句》。
② 《大学章句》。

身修而后家齐，家齐而后国治，国治而后天下平。自天子以至于庶人，壹是以修身为本。其本乱而末治者否矣，其所厚者薄，而其所薄者厚，未之有也！"[①]这个程序的简化形式为：格物——致知——诚意——正心——修身——齐家——治国——平天下。"正心以上，皆所以修身也。齐家以下，则举此而措之耳。"整个程序分为两部分，前五个阶段为修己，后三个阶段为治人。程朱派理学家讲的修己部分，有一个特点，就是把认识论纳入了道德修养的轨道。"格物致知"所讲的是认识事物及其结构规则"理"的过程，在哲学上主要属于认识论的范围。而在理学家这里，认识事物及其"理"的目的主要不是为了发展科学技术，发展生产力，创造更多的物质财富，而是为了道德修养，进而治国平天下。即主要不是为了改造自然，而是为了改造社会。因此，理学家的认识，也主要是认识天理、天地之性和道心，即"性与天道"及其关系。但由于程朱派理学家把"格物"视为道德修养的第一个阶段并给予高度的重视，因此在客观上，对人们认识自然之理，对科学技术的发展，还是起到了哲学的指导作用的。

---

① 《大学章句》。

（二）格物致知

《大学》传文中原无"格物致知"的内容，只有"此谓知本，此谓知之至也"两句。朱熹于"此谓知本"处注云："程子曰：衍文也。"于"此谓知之至也"处注云："此句之上别有缺文，此特其结语耳。"朱熹认为格物致知十分重要，传文所缺必须补上，于是补了一段专论格物致知的文字。他说："右传之（第）五章，盖释格物致知之义，而今亡矣。间尝窃取程子之意以补之曰：所谓致知在格物者，言欲致吾之知，在即物而穷理也。盖人心之灵莫不有知，而天下之物莫不有理，惟于理有未穷，故其知有不尽也。是《大学》始教，必使学者即凡天下之物，莫不因其已知之理而益穷之，以求至乎其极。至于用力之久，而一旦豁然贯通焉，则众物之表里精粗无不到，而吾心之全体大用无不明矣。此谓物格，此谓知之至也。"[①] 朱熹的改动与补传，实际上是把《大学》改造成了理学的著作，而不完全是原意了。

理学家认为，知有两种，一种叫闻见之知，是通过耳目等感觉器官而获得的对具体事物之理的认识；另一种叫德性之知，是由道心所固有的对太极之理的认识。德性之知是道

---

① 《大学章句》。

心所固有的，不需要借助于闻见，但为气质所拘，私欲所蔽，不得显明。格物致知就是通过了解事物之理，明白"万物一理"的道理，明白"民吾同胞，物吾与也"的人与天地万物为一体的道理，从而与心中固有的德性之知相证合，使德性之知显明起来。这就是程朱派理学家所讲的格物致知。

德性之知与闻见之知的区分，首先是由张载在他的天地之性与气质之性的区分的基础上提出来的。他说："见闻之知乃物交而知，非德性所知。德性所知不萌于见闻。"[①]张载又称德性之知为"天德良知"。闻见之知由外而得，德性之知是心中固有，明理的过程即是内外相合的过程。程颐在此基础上指出："致知在格物，非由外铄我也，我固有之也。因物有迁迷而不知，则天理灭矣，故圣人欲格之。"[②]朱熹在《大学》补传中所说的"人心之灵，莫不有知"，指的就是德性之知；"即凡天下之物，莫不因其已知之理而益穷之，以求至乎极"，指的是通过格物而获得闻见之知，"用力之久，而一日豁然贯通，则众物之表里精粗无不到，而吾心之全体大用无不明"，指的是"致知"。张岱年先生释朱熹论格物

---

① 《正蒙·大心》。
② 《河南程氏遗书》卷二十五。

致知的补传最简单明确。他说:"心本有知,而欲致心之知,必即物而求物之理。如不即物而求物之理,则心虽具众理而不能自明;必至穷尽万物之理以后,心中所具之理方能显出。物心同理,而欲此理明显,不能靠反省,而必以格物为方法。"①因此,格物致知实际上是以外证内、以外激内的方法,即以外物之理以证合心中之理,使心中之理显明起来。

从以上可知,程朱派理学家讲的"格物",就是"穷理",即认识、穷尽万物之理。"格物者,格,尽也。须是穷尽事物之理。若是穷得三两分,便未是格物,须是穷尽到得十分,方是格物。"②朱熹认为,从总体上说,应当是无事不格,格得越多越好,"上而无极太极,下而至于一草、一木、一昆虫之微,亦各有理。一书不读,则缺了一书道理;一事不穷,则缺了一事道理;一物不格,则缺了一物道理。须著逐一件与他理会过"③。但在现实中,任何人都不可能穷尽万物之理,因此格物必须注意轻重缓急与先后次序。朱熹说:"格物之论,伊川意虽谓眼前无非是物,然其格之也,亦须有缓急先后之序,岂遽以为存心于一草木、器用之间而忽然悬悟也哉!

---

① 《中国哲学大纲》,第五〇七页。
② 《朱子语类》卷十五。
③ 《朱子语类》卷十五。

且如今为此学而不穷天理、明人伦、讲圣言、通世故,乃兀然存心于一草木、器用之间,此是何学问? 如此而望有所得,是炒沙而欲成饭也。"① 急要的是穷天理,明人伦。"君臣、父子、兄弟、夫妇、朋友,皆人所不能无者,但学者须要穷格得尽。""如为人君,便当止于仁;为人臣,便当止于敬。更上一著,便要穷究得为人君如何要止于仁,为人臣如何要止于敬,乃是。""事父母,则当尽其孝,处兄弟,则当尽其友,如此之类。须是要见得尽,若有一毫不尽,便当穷格不至也。"②

朱熹认为,由于"万物各具一理,万理同出一原""人人有一太极,物物有一太极",因此,只要要领得当,格物到一定的程度,便可以此类推,达到豁然贯通,明白万物之理。朱熹说:"万物各具一理,而万理同出一原,此所以可推而无不通也。"③ 类推的具体方法,朱熹举例说:"且如事亲,固当尽其事之之道,若得于亲时是如何,不得于亲时又当如何;以此而推之于事君,则知得于君时是如何,不得于君时又当

---

① 《朱文公文集》卷三十九《答陈齐仲》。
② 《朱子语类》卷十五。
③ 《大学或问》卷二。

如何；推以事长，亦是如此。自此推去，莫不皆然。"[1]因此，"穷理者，非谓必尽穷天下之理，又非谓止穷得一理便到，但积累多后，自然脱然有悟处。""一物格而万理通，虽颜子亦未至此，惟今日而格一物焉，明日又格一物焉，积习既多，然后脱然有贯通处耳。"[2]"而一旦豁然贯通焉，则众物之表里精粗无不到，而吾心之全体大用无不明矣。"朱熹所说的"致知"，就是举一反三的类推法："致，推极也。知，犹识也。推极吾之知识，欲其所知无不尽也。""致字，如推开去，譬如暗室中见些子明处，便寻从此明处去。忽然出到外面，见得大小大明。人之致知，亦如此也。"[3]这里的"推极吾之知识"，指的是已经积累起来的闻见之知，也就是朱熹补传中的"莫不因其已知之理而益穷之"的"已知之理"。

致知的最后结果，应该是"众物之表里精粗无不到，而吾心之全体大用无不明"，即外物之理与心中之理相证合。朱熹说：外物之理与心中之理，"他内外未尝不合。自家知得物之理如此，则因其理之自然而应之，便见合内外之理。目前事事物物，皆有至理。如一草一木，一禽一兽，皆有理。

---

[1] 《朱子语类》卷十八。
[2] 《大学或问》卷二。
[3] 《朱子语类》卷十五。

草木春生秋杀,好生恶死。'仲夏斩阳木,仲冬斩阴木',皆是顺阴阳道理。自家知得万物均气同体,'见生不忍见死,闻声不忍食肉',非其时不伐一木,不杀一兽,'不杀胎,不夭夭,不覆巢',此便是合内外之理。"①明白了万物之理,由于物我也是一理,所以万物之理与心中之理是自然相合的,即明白了万物之理,也就明白了心中之理。朱熹又说:"物格后,他内外自然合。盖天下之事,皆谓之物,而物之所在,莫不有理。且如草木禽兽,虽是至微至贱,亦皆有理。如所谓'仲夏斩阳木,仲冬斩阴木',自家知得这个道理,处之而各得其当便是。"②

(三)诚意正心

《大学》经文云:"物格而后知至,知至而后意诚,意诚而后心正。"朱熹解释说:"诚者,实也。意者,心之所发也。实其心之所发,欲其一于善而无自欺也。""物格者,物理之极处无不到也。知至者,吾心之所知无不尽也。知既尽,则意可得而实矣;意既实,则心可得而正矣。"

---

① 《朱子语类》卷十五。
② 《朱子语类》卷十五。

所谓"物格而后知至",朱熹说:"格物,只是就事上理会;知至,便是此心透彻。""知至,谓天下事物之理知无不到之谓。若知一而不知二,知大而不知细,知高远而不知幽深,皆非知之至也。要须四至八到,无所不知,乃谓至耳。""亦如灯烛在此,而光照一室之内,未尝有一些不到也。"朱熹又曾训"至"为"切",释"知至"为"知之真切"。[①] 显然,所谓"知至",是指豁然贯通以后的觉悟状态。到了这种境界,对于事物之理便无所不知,并知得十分真切。朱熹认为,只有通过格物,达到了豁然贯通以后的知至境界,才能做到意诚。他说:"《大学》所谓知至、意诚者,必须知至,然后能诚其意也。今之学者只说操存,而不知讲明义理,则此心愦愦,何事于操存也!"[②] 这种批评所针对的,是南宋心学学派的陆九渊。是否要通过格物并达到知至以后才能诚意正心,是朱陆两派的一个重要分歧。

关于"诚意"。"意"是指心念,是心之所发的意念;"诚"是指真实无妄。则"诚意"即是指真实无妄的为善去恶的意念。这种意念是在格物、知至以后产生的,由于对万物之理知道

[①] 《朱子语类》卷十五。
[②] 《朱子语类》卷十五。

得真切透彻，因而产生了真实、自觉的为善去恶的意念，它必将指使人们自觉地而不是被动地去为善去恶。朱熹说："诚者，真实无妄之谓，天理之本然也。"① 清初的王夫之也说："诚者，天理之实然，无人为之伪也。"② 意念中全是真实无妄的天理，自然会自觉地为善去恶。"意诚只是要情愿做工夫，若非情愿，亦强不得。未过此一关，犹有七分是小人。""穷来穷去，末后自家真个见得此理是善。与是恶，自心甘意肯不去做，此方是意诚。若犹有一毫贰底心，便是知未至，意未诚，久后依旧去做。"③ 意诚不仅表现为自觉行善，而且表现为对善恶敏锐的觉察、辨别和选择能力。"须是格物精熟，方到此。居常无事，天理实然，有丝毫私欲，便能识破他，自来点检惯了。譬如贼来，便识得，便捉得他。不曾用工底，与贼同眠同食也不知。"④ 在朱熹看来，诚意在道德修养中占有十分重要的地位。"致知、诚意，是学者两个关。致知乃梦与觉之关，诚意乃恶与善之关。透得致知之关则觉，不然则梦；透得诚意之关则善，不然则恶。""知至、意诚，

---

① 《中庸章句》。
② 《张子正蒙注·诚明》。
③ 《朱子语类》卷十五。
④ 《朱子语类》卷十五。

是凡圣界分关隘。未过此关,虽有小善,犹是黑中之白;已过此关,虽有小过,亦是白中之黑。过得此关,正好著力进步也。""某尝谓诚意一节,正是圣凡分别关隘去处。若能诚意,则是透得此关;透此关后,滔滔然自在去为君子。不然,则崎岖反侧,不免为小人之归也。""诚意最是一段中紧要工夫,下面一节轻一节。"[1] 从上述朱熹话中可见格物致知与诚意是理学程朱派道德修养论中的两个主要环节,对人的道德修养起着关键的作用。

关于"正心",这里的"心"不是指五脏中的心脏,而是指能知的器官。程朱派理学家认为,心是一身的主宰,意是心之所发。朱熹说:"意是指已发处看,心是指体看。""心,言其统体;意,是就其中发处。"[2] 既然心是体,意是心之所发之处,那么意就应该是心主宰的。朱熹认为《大学》中的"欲正其心,先诚其意",意固然是由心所主宰,但意念对心体也有反作用。朱熹比喻说:"心譬如水:水之体本澄湛,却为风涛不停,故水亦摇动。必须风涛既息,然后水之体得静。人之无状污秽,皆在意之不诚。必须去此,然后能正其

---

[1] 《朱子语类》卷十五。
[2] 《朱子语类》卷十五。

心。及心既正后，所谓好恶哀矜，与修身齐家中所说者，皆是合有底事。"① 这个比喻不太恰当，但意念对心体有影响这个观点是说清楚了。"小底却会牵动大底。心之所以不正，只是私意牵去，意才实，心便自正。"② 心是大的，意是小的，大的能主宰小的，小的也能牵动大的，因此，诚意也可以正心。这是从反作用方面来讲的。朱熹认为，从另一个角度来说，由于心无形迹，人难以觉察，意念却容易发觉，因此从意念来考察心体，由诚意入手进而正心，是现实中切实可行的道路。"心无形影，教人如何撑住？须是从心之所发处下手，先须去了许多恶根。如人家里有贼，先去了贼，方得家中宁。如人种田，不先去了草，如何下种？须去了自欺之意，意诚则心正。""意诚后，推荡得渣滓灵利，心尽是义理。"③ 但是，朱熹又认为，诚意只是清除掉杂念对心体的干扰，而心体却是主动的，因此意诚并不等同于心正，正心仍然是一番工夫。他说："诚只是实。虽是意诚，然心之所发有不中节处，依旧未是正。"④ 正心的方法与守心一样，主要是持敬，或称居敬，

---

① 《朱子语类》卷十五。
② 《朱子语类》卷十五。
③ 《朱子语类》卷十五。
④ 《朱子语类》卷十五。

"正心，如戒惧不睹不闻。"①对于诚意与正心的先后问题，朱熹说得不很清楚，"亦不必如此致疑，大要只在致知格物上。……人入德处，全在致知格物，譬如适临安府，路头一正，著起草鞋，便会到。未须问所过州县那个在前，那个在后，那个是繁盛，那个是荒索。工夫全在致知格物上。"②就是说，不必过于计较是先诚意后正心，还是先正心后诚意，只要格物致知并知至了，真正懂得了天理和天地之性，下面的都比较好办。

诚意与正心的先后次序可以不多计较，但诚意正心作为格物致知到修身齐家治国平天下的中间环节，却是极为重要的，被朱熹称为"关隘"并反复强调："天下事有大根本，有小根本，正君心是大本。"③淳熙十五年（一一八八），朱熹将任江西提刑，入奏事，有人在路上劝他说："正心诚意之论，上所厌闻，慎勿复言。"朱熹却说："吾生平所学，惟此四字。熹可隐默以欺吾君乎！"上朝后，朱熹向孝宗皇帝大讲"存天理、灭人欲"之旨："愿陛下自今以往，一念之倾，则必谨察之，此为天理邪？为人欲耶？……果人欲也，

---

① 《朱子语类》卷十五。
② 《朱子语类》卷十五。
③ 《朱子语类》卷一〇八。

则敬以克之，而不使其少有凝滞。"① 在侍讲任上，他更利用工作之便，向皇帝大讲"正心诚意""存天理灭人欲"的道理和重要性。后来，朱熹被罢官，以至发生"庆元党禁"，与此是有关系的。从朱熹的行动中，可知朱熹对正心诚意十分重视，尤其是皇帝和官吏的正心诚意程度，直接关系到天下的治理和安定的大事。

（四）修身齐家治国平天下

朱熹认为，正心以上，均为"明明德"之事，明白了天理，端正了心念，就可以用正确的心念来端正自己的行为，以至于治理家庭、国家和天下了。他说："正心是就心上说，修身是就应事接物上说。那事不自心做出来？如修身，如洁矩，都是心做出来。但正心，却是萌芽上理会。若修身与洁矩等事，都是各就地头上理会。"又说："身对心而言，则心正是内。能如此修身，是内外都尽。"②

在修身、齐家、治国、平天下中，修身是根本。《大学》经文云："自天子以至于庶人，壹是以修身为本。其本乱而

---

① 《续资治通鉴》卷一五一。
② 《朱子语类》卷十五。

末治者否矣。"《大学》以修身为本,而以齐家、治国、平天下为末,指出了二者之间的本末关系,理学家十分赞同。朱熹说:修身是对天下国家说。修身是本,天下国家是末。凡前面许多事,便是理会修身。即格物致知、诚意正心,都是为了修身,而只有自身的言行举止都按照天理去做了,才有可能把家庭和国家天下治理好。修身以前的几个项目均为修己阶段,而修身则是这个阶段的归宿和结果。对于后一个治人阶段来说,修身又是它的前提条件,即《大学》所说的"本"。因此,修身是修己阶段与治人阶段的转折点,是十分重要的。

理学家认为,齐家对治国平天下起着重要的作用。《大学》说:"所谓治国必先齐其家者,其家不可教而能教人者,无之。故君子不出家而成教于国:孝者,所以事君也;弟者,所以事长也;慈者,所以使众也。……一家仁,一国兴仁;一家让,一国兴让;一人贪戾,一国作乱;其机如此。此谓一言偾事,一人定国。"朱熹解释说:"身修,则家可教矣;孝、弟、慈,所以修身而教于家者也;然而国之所以事君、事长、使众之道,不外乎此。此所以家齐于上,而教成于下也。"[1]无论从《大学》传文还是朱熹的释文来看,这里的修身与齐家,都是指帝王

---

[1] 《大学章句》。

与皇族而言。朱熹解释传文"一人定国"说:"一人,谓君也。"讲得很明确。因此,理学家的道德修养论,从本意上来说,首先或主要是针对皇帝的。这与封建社会自由租佃制的土地私有制和其他一系列经济政治制度相适应,也是这些制度的要求。这些制度和作为社会占主导地位的地主阶级,要求皇帝只作为地主阶级的一员和地主阶级整体利益的代表而出现,不允许皇帝有过分的欲望和权利。帝王失去了全国绝大部分土地的所有权,这种财产关系使皇帝不能不收敛自己的行为,部分地接受作为地主阶级整体利益反映的理学的理论。再说,在封建社会中,世袭制的皇帝自身、家庭和后代的善恶,对全国人民和全社会的和谐、安定起着极为重要的作用,因此,理学家在道德修养问题上,首先要求皇帝做到,是当时社会的普遍呼声和愿望,是大势所趋,理所当然的。

除了皇帝以外,理学家还要求各级官吏存天理,去人欲,进行道德修养。在实践中,真正的而不是挂羊头卖狗肉的理学家和理学理论的信奉者,一般都能同贪官污吏作斗争,并且自身都比较清廉。朱熹曾多次为百姓申冤,曾不顾官位俸禄和自身安危,六次上书告发当朝宰相王淮的姻家、台州知州唐仲友,直到朝廷撤掉唐仲友才罢休。明代初年颇有影响的理学大家薛瑄也是一位著名的清官。明中叶更为著名的清官海瑞,也是理学理论的忠实信奉者。

当然,理学家也要求一般百姓存天理、去人欲,进行道德修养,要求他们修身、齐家,去恶为善,这对社会的和谐与安定是十分重要的。

但是在实践中,统治者按照自己的意愿,部分地改变了理学的理论,特别是把理学主要对皇帝的要求转变为主要对百姓的要求,使统治者的理学与理学家的理学发生部分歧异,这是我们今人需要注意分别的。

关于治国与平天下的关系,《大学》传文云:"所谓平天下在治其国者:上老老而民兴孝,上长长而民兴弟,上恤孤而民不倍,是以君子有絜矩之道也。"朱熹解释说:"絜,度也。矩,所以为方也。言此三者,上行下效,捷于影响,所谓家齐而国治也。""此章之义,务在与民同好恶而不专其利,皆推广絜矩之意也。能如是,则亲贤乐利各得其所,而天下平矣。"[①]这两段解释中,一个"上行下效",一个"与民同好恶而不专其利",与前面讲的修身一样,也是对帝王的要求,或主要是对帝王的要求,其次则是对官吏的要求。

由于种种原因,今人往往看重理学对百姓的要求,而忽

---

① 《大学章句》。

视理学对帝王和官吏的要求。把统治者的理学与理学家的理学混为一谈,看不到二者的歧异,较多地看到明中叶以后理学末流对资本主义萌芽的阻碍作用,而较少地看到明中叶以前理学与自由租佃制相适应,促进社会和谐、安定和发展的进步作用。其中贬斥理学最多的地方,就是道德修养理论。通过上述对理学道德修养理论的分析介绍,我们可以看到,实际的情况与今天一些人的看法是有一定差距的。

五、治国论

理学家依据"理一分殊"的理论,和"人人有一太极,物物有一太极"的命题,得出了"民,吾同胞;物,吾与也"[①]的结论,认为人们的天地之性是完全平等、纯粹至善的,只是由于气禀所偏和私欲所蔽,才出现智愚、善恶的差别,这个差别是可以改变的,改变的方法主要是教育、个人道德修养和恰当的政治管理。理学家的治国理论,就是在这个基础上建立起来的。理学治国理论十分丰富,其大要有三:导之以德,齐之以礼;导之以政,齐之以刑;国家之大务在恤民。

---

① 张载:《正蒙·乾称》。

(一)导之以德,齐之以礼

理学家认为,治理国家的主要方法有四个:德、礼、政、刑。这四个方法又分为两组:德与礼是本,政与刑是末。在德与礼中,德为本,礼为末;在政与刑中,政为本,刑为末。本末主次十分清楚。朱熹说:"愚谓政者,为治之具。刑者,辅治之法。德礼则所以出治之本,而德又礼之本也。此其相为终始,虽不可以偏废,然政刑能使民远罪而已,德礼之效,则有以使民日迁善而不自知。故治民者不可徒恃其末,又当深探其本也。"[①] 一方面,这四个方法不可偏废,缺一不可;另一方面,又认为政刑只能使百姓因畏惧而不犯罪,而德礼却能使百姓自觉或不自觉地去恶为善。

所谓"德",朱熹说:"德之为言,得也,得于心而不失也。""德字从心者,以其得之于心也。如为孝是心中得这个孝,为仁是心中得这个仁,若只是外面恁地中,心中不如此,便不是德。"[②] 所谓"德",不是指只在行动上符合天理,而是在心中真正明白了(得到了)天理,并自觉地付之于行动。相当于格物致知以后的意诚、心正阶段。

---

① 《论语集注》卷一《为政》。
② 《论语集注》卷一《为政》。

所谓"导之以德",是要求君主真正明白天理,并率先"存天理,灭人欲",用行动来感化百姓,引导百姓趋向于善。朱熹说:"为政以德,不是欲以德去为政,亦不是块然全无所作为,但德修于己而人自感化。然感化不在政事上,却在德上。盖政者所以正人之不正,岂无所作为?但人所以归往,乃以其德耳。故不待作为而天下归之,如众星之拱北极也。"①他又说:"导之以德,是躬行其实,以为民先。如必自尽其孝,而后可以教民孝。自尽其弟,而后可以教民弟,如此类。宜其家人,而后可以教国人;宜兄宜弟,而后可以教国人。"总之,"为政以德者,不是把德去为政,是自家有这德,人自归仰如众星拱北辰。"②因此,"导之以德"之"导",不是强行引导,而只是以德感化,百姓就会自动归仰,如众星归仰北斗一样。

所谓"礼",指各种礼仪制度,是调整君臣、父子、夫妇、兄弟、朋友、师生等人与人之间相互关系的行为规范。所谓"齐之以礼",是指用这些礼仪制度来约束人们的行为,使他们的行动符合礼的要求,即符合封建等级制度。道德约束的力

---

① 《朱子语类》卷二十三。
② 《朱子语类》卷二十三。

量主要来自舆论，而礼仪制度则带有一定强制性。

为什么在"导之以德"的同时，要辅之以"齐之以礼"呢？理学家认为，这是因为人们所禀赋的气质有厚薄、精粗之别，被人欲所蔽的程度也有所不同，因而人们被帝王、官吏之德所感化的程度就会有所不同。为了社会的和谐与安定，就必须用道德规范来统一人们的行动。朱熹说："人之气质有浅深厚薄之不同，故感者不能齐一，必有礼以齐之。""资质好底便化，不好底须立个制度，教人在里面，件件是礼。""'道之以德'者，是自身上做出去，使之知所向慕。'齐之以礼'者，是使之知其冠婚丧祭之仪，尊卑小大之别；教人知所趋。""道之以德，《集注》云'浅深厚薄之不一'，谓其间资禀信向不齐如此，虽是感之以德，自有不肯信向底，亦有大过底，故齐一之以礼。礼是五礼，所谓吉、凶、军、宾、嘉，须令一齐如此。"[①]理学家与古代的儒者一样，在处理人与人的关系上，主张一切行为应当"适中"，认为不及固不可取，但"过犹不及"，超过了限度也不可取，而实际生活中，过与不及的情形都是存在的，因此，需要用统一的礼仪制度来整齐人们的行为。

---

① 《朱子语类》卷二十三。

"德"与"礼",一个是道德感化,一个是礼仪制度约束,都是封建道德的要求。理学家所以要以道德为本,而以政刑为末,是因为道德所调整的人与人之间的关系具有比政刑更大的广泛性,它涉及到人们生活的各个方面。人们生活各方面的关系调整好了,社会的和谐安定便有了保障,因此可以说,道德约束是治国的基础,所以理学家要以道德为本。

以道德约束为治国之本,是宋代理学家首先提出来的,其根源在于中国封建社会进入了新的自由租佃制阶段。在隋唐以前,在农奴主阶级中,两个农奴主集团之间的关系和豪强农奴主内部的关系,都是靠经济、政治和军事的实力的对比来维持的,实力强制的力量在其中起着主导的作用,道德只能起到辅助的作用。农奴主与农奴之间的关系,主要是靠农奴主对农奴的人身强制和农奴对农奴主的人身依附来维持的,仁义道德也只起着辅助的作用。因此在农奴制阶段,治国之本不是道德,而是强力和人身束缚。它与奴隶制社会不同的是,道德已经起到了一定的作用,尽管只是起一些辅助作用而已。到自由租佃制阶段,地主的经济实力与政治、军事实力相分离,不再能独霸一方,不可能强大到能逼迫皇帝"禅让"的地步。地主对农民的人身束缚也解除了,农民的人身基本上是自由的,在这种情况下,统治农民的最广泛、最普遍手段，便不能不用道德约束来代替。这正是理学家作为社会智者集团、社会精英人物的具体表现。道德约束虽然也是束缚，但与人身束缚与强力控制相比，毕竟是一个重大的社会进步。而且这种道德约束在当时，对于社会的和谐安定与社会发展，也起到了积极的作用。

（二）导之以政，齐之以刑

政与刑不是道德范畴，而是政治范畴。理学家认为，治国以道德为本，但政刑也不可废。朱熹在解释《论语·为政》中"道之以政"一句时说："圣人之意，只为当时专用政刑治民，不用德礼，所以有此言。谓政刑但使之远罪而已，若是格其非心，非德礼不可。圣人为天下，何曾废刑政来！"又说："《集注》后面余意，是说圣人谓不可专恃刑政，然有德礼而无刑政，又做不得。圣人说话无一字无意味。如只说'道之以德，齐之以礼'，便不是了。"[①]

"政"是指各种法制禁令。"刑"是指各种刑罚惩治手段。理学家认为，在政治中，政是本，刑是末。朱熹说："政，

---

① 《朱子语类》卷二十三。

谓法制禁令也。""愚谓政者，为治之具；刑者，辅治之法。"①一主一辅，二者不可偏废。法制禁令是申饬在先，正面规定人们必须怎样做，禁止怎样做。刑罚惩治则是对违法犯罪者的事后处理，以维护法制的尊严。朱熹说："齐之以刑亦然。先立个法制如此，若不尽从，便以刑罚齐之。"②他在解释《论语·为政》"道之以政，齐之以刑，民免而无耻"一句时说："道，犹引导，谓先之也。政，谓法制禁令也。齐，所以一之也。道之而不从者，有刑以一之也。免而无耻，谓苟免刑罚，而无所羞愧，盖虽不敢为恶，而为恶之心未尝忘也。"③政与刑所激发与利用的是人们的畏惧之心，而不是为善之心和羞耻之心。"若专政刑，不独弱者怕，强者也会怕。"④但对那些暂时还没有为善之心和羞耻之心的人来说，用政刑使他畏惧，也是不可缺少的办法。"后世专用以刑。然不用刑，亦无此理。但圣人先以德礼，到合用处，亦不容已。"⑤由于政刑激发和利用的是畏惧之心，不能解决根本问题，甚

---

① 《论语集注》卷一《为政》。
② 《朱子语类》卷二十三。
③ 《论语集注》卷一《为政》。
④ 《朱子语类》卷二十三。
⑤ 《朱子语类》卷二十三。

至会增强对抗心理,因而圣人是不得已才用的。虽是不得已,却又不能不用。理学家的这些见解,是十分精辟的。

朱熹曾对德、礼、政、刑四者进行了一番概括性的对比总结,他说:"先之以法制禁令,是合下有猜疑关防之意,故民不从。又却'齐之以刑',民不见德而畏威,但图目前苟免于刑,而为恶之心未尝不在。先之以明德,则有固有之心者,必观感而化。然禀有厚薄,感有浅深,又'齐之以礼',使之有规矩准绳之可守,则民耻于不善,而有以至于善。"①

(三)国家之大务在恤民

治理国家有众多的政事当做,理学家认为,其中最重要的事情是恤民。朱熹说:"臣尝谓天下国家之大务,莫大于恤民。"② 理学家所以这样说,不是一时的偏激,而是从他们的理论体系中推衍出来的必然结论。

理学家提出"理一分殊"理论,认为"人人有一太极,物物有一太极"。太极在人,则为天地之性;在心,则为道心。天地之性为仁义礼智之理,道心则为仁义礼智之心。朱熹说:

---

① 《朱子语类》卷二十三。
② 《朱文公文集》卷十一《庚子应诏封事》。

"性者人之所受乎天者,其体则不过仁、义、礼、智之理而已。"① "道心是本来禀受得仁义礼智之心。"② 又说:"所谓天理,复是何物?仁义礼智岂不是天理?"③ 而在仁义礼智这四性中,最重要的是仁,"浑然天理便是仁"④。仁的表现是爱。"仁是根,爱是苗,不可便唤苗做根。然而这个苗,却定是从那根上来。""仁是未发,爱是已发。"爱的表现,是亲亲、仁民和爱物,"亲亲是根,仁民是干,爱物是枝叶"⑤。亲亲是齐家之本,仁民是治国之本,爱物是治物之本。所以朱熹说:"天下国家之大务,莫大于恤民。"

恤民的主要任务在朱熹看来是省赋。"恤民之实在省赋。"⑥省赋主要不是省土地税,而是要省去除夏秋两税以外的其他杂税。唐代杨炎的两税法,规定按照土地的数量,在夏、秋两次征收田赋。这种税法,与土地私有制相适应,奠定了自由租佃制阶段财政税收制度的基础。但各朝在两税之外,又往往增加各种名目的税收,"二税之外,别作名色,

---

① 《孟子或问》卷十四。
② 《朱子语类》卷七十八。
③ 《朱文公文集》卷五十九《答吴斗南》。
④ 《朱子语类》卷二十八。
⑤ 《朱子语类》卷二十。
⑥ 《朱文公文集》卷十一《庚子应诏封事》。

巧取于民"①，给广大无地和少地的农民增加了沉重的负担。所以朱熹主张除二税这个"正赋"以外，"悉除无名之赋"，"救百姓于汤火之中"。他说："须一切从民正赋，凡所增名色，一齐除尽，民方始得脱净。""赋入既正，总见数目，量入为出，罢去冗费，而悉除无名之赋，方能救百姓于汤火之中。若不认百姓是自家百姓，便不恤。"②唐初实行租庸调、丁口税几乎占赋税总额比重的一半，致使造成大量的逃户，影响了社会的安定。南宋浙江等地又征收较多的丁口钱，使广大无地和少地的贫民无法生活。朱熹说："浙中（赋税）全是白撰，横敛无数，民甚不聊生，丁钱至有三千五百者"，于是贫民不得不逃避。因此，凡是丁口性质的杂税，更需尽快除去。否则，"有产者无税，有税者无产"③，贫苦百姓将何以生存？"万一民贫不堪诛剥，一旦屯结，自为扰乱，而盗贼蛮瑶，相挺而起，则不知议者何以处之！"④

有人说，理学家的恤民主张，是为了维护地主阶级的统治，而不是为了百姓。这种说法虽然基本上是对的，但却不

---

① 《朱文公文集》卷十一《庚子应诏封事》。
② 《朱子语类》卷一一一。
③ 《朱子语类》卷一〇八。
④ 《朱文公文集》卷十四《行官便殿奏札三》。

够完整。理学家从"气一分殊"和"理一分殊"的理论出发,得出"民吾同胞,物吾与也"和"百姓是自家百姓"的结论,是必然的,没有丝毫勉强之处。理学家在这些问题上也并不虚伪,他们认为由于气禀的不同,人们有智愚、善恶的区别,以至有贫富、贵贱的等级差别,他们明确承认人们被道德感化的程度不相同,遵守法制禁令的自觉性不相同,因而需要"齐之以礼""齐之以刑",这些都是理学体系中顺理成章的结论。恤民是理学体系中的一个部分,与其他部分相互协调,紧密联系,共同构成理学的理论大厦。而且,理学家在研究一切问题时,都是把这些问题放入"天地万物为一体"的大系统中来考虑的。他们的思维方式,是中国传统的整体思想,把宇宙视为一个整体,把社会视为一个整体,因此,他们看问题都比较全面、周到。如人与人之间的关系,他们在强调"君为臣纲、父为子纲、夫为妻纲"的同时,也反复告诫人们,要做到"君仁臣忠、父慈子孝、兄友弟敬""父子有亲、君臣有义、夫妇有别、长幼有序、朋友有信",讲究相互的义务和责任,希望人与人之间有一种比较和谐、协调的关系。在封建社会中,帝王与官吏占据着统治地位,掌握着所有的权力,北宋以后又清除了藩镇割据的可能性,这时容易出问题的便主要是君与民、官与民的关系了。因此恤民、爱民便显得更为重要，这是社会整体和谐、稳定的需要，这种和谐，对社会中的任何人都是有利的，它不仅仅是对地主阶级有利。可以说，理学家是封建社会自由租佃制阶段中站得最高、最具远见卓识的知识分子。

恤民除了省赋以外，理学家还有许多办法，如限制土地兼并，防止过度的两极分化；经常清丈土地，使赋税合理，减少无地和少地农民的负担；建立社仓，使贫民在青黄不接之时能度过难关；赈济灾民，减少灾民的死亡等。

第三章　理学陆王派的不同观点

理学陆王派的代表是南宋的陆九渊和明代的王守仁。其他如陆九渊的学生杨简,与王守仁同时的湛若水,王守仁的学生钱德洪等,都是理学陆王派的重要人物。由于陆王派把"心"放到了特别突出的位置,因而人们又称陆王派为"心学"学派。

陆九渊(一一三九——一一九二),字子静,江西抚州金溪(今江西临川)人。中年以后曾在贵溪象山居住讲学,自号"象山居士",故世称"象山先生"。他于三十四岁时中进士,历任县主簿、国子正和删定官、知荆门军。在任靖安县、崇安县主簿期间,曾两次会访朱熹,就理学中的一些问题展开激烈争论。他们所争论的都是一些枝节问题,在理学的主旨与基本理论上,并没有原则性的分歧。他们两人的友谊也是十分密切的。陆九渊一生述而不作,著述很少,后人辑为《象山先生全集》。

王守仁(一四七二——一五二八)字伯安,余姚(今属浙江)人。因曾筑室绍兴阳明洞,世称"阳明先生"。去世后谥文成,故后人又称他为"王文成公"。他于二十八岁中进士,历任刑部、兵部主事,贬贵州龙场驿,升吉安府庐陵县知县、南京刑部主事、南京鸿胪寺卿、右佥都御史、右副都御史、南京兵部尚书。他在政事之余,努力讲学、著述。其著述于去世后由弟子编定为《王文成公全书》。

陆九渊所在的南宋初年,赵宋王朝和北方许多官宦士大夫被迫侨迁江南,丧权辱国之耻、远离家乡之痛,使"恢复中原"成为当时人们议论的中心。此时在思想界同时出现了三股潮流:一股以朱熹为代表,主张从根本上着手,从长远利益出发,搞好道德建设和经济、政治、文化建设,安定人民生活,待力量积蓄到足够时,再谈恢复之事。另一股思潮以陆九渊为代表,认为朱熹的办法速度太慢,道德修养的程序也太复杂,不能满足世人盼望尽快恢复的心理要求,于是提出了"心即理""简易工夫"等主张。再一股思潮以陈亮为代表,认为不但繁琐的道德修养过于迂腐,就是简易的道德修养也不必说得太多,目前的急务,就是振奋精神,做些实事,准备恢复中原。这一派被称为功利派。由于当时官宦

第三章 理学陆王派的不同观点

上层多有急躁情绪,因而对朱熹的主张取冷淡以至排斥态度,比较欣赏陈亮、陆九渊的主张,特别是陈亮等功利派的主张。其实践者为韩侂胄的开禧北伐,终因力量不够而惨遭失败。南宋功利派与心学派虽有急躁之病,但对于振奋人们的精神,还是起到了积极作用的。

王守仁生活在明代中期,当时社会矛盾比较尖锐,明武宗宠信太监,亲近佞臣,沉溺于声色犬马,是明朝最昏庸腐朽的皇帝。宗室争权,宁王朱宸濠发动兵变,欲夺天子之位。土地兼并之风日炽,皇室和地主争相掠夺土地,官吏贪赃枉法,搜刮民脂。农民无法生存,纷纷揭竿而起,尤其是刘六、刘七领导的起义军,转战于河北至江西的广大地区,与江西、四川等地的农民起义势相连结,并四次进逼北京。这个时期,在理学家看来,可谓人心大坏之时,因此正人心应是当时第一要务,于是心学思潮再起,大讲"致良知"和"知行合一",企图重新振奋道德精神。

明中叶以后,资本主义萌芽在江浙等地兴起。这些带着浓厚封建色彩的资本主义萌芽在文化上开始表现自己,于是出现了《三言两拍》等言情小说,《西厢记》《牡丹亭》等言情戏曲。在思想上,则出现了泰州学派,推崇王守仁心学,但却表现出较多的自由平等的思想倾向。至近代资产阶级革命时期，由于资产阶级力量弱小，又要变革社会，不能不提高"心力"的地位和作用，也使心学兴盛一时。

总之，心学往往是那些急于挽救社会危机或变革社会制度而自身力量又相对较弱的阶级、阶层和人群的思潮，它对于振奋精神，增强自信心，可以起到积极的作用，但相对而言，它又缺乏扎实的基础和稳健的精神。

由于篇幅所限，本书对于理学陆王派，只介绍与程朱派分歧较大的几个观点，并以陆九渊、王守仁为代表，其他分歧和其他人物不再一一介绍。

一、心即理

"心即理"是陆九渊心学的基本命题，后来为王守仁所继承和发展。在这个命题中，包涵着丰富的内容。心学的理论体系，就是从这个命题开始推衍出来的。

（一）人的本心即天理

程朱派理学家认为人性有二：一为天地之性，是人的本性；一为气质之性，是被气禀所污染了的天地之性。人心也有二：一为道心，是人的本心；一为人心，是被私欲所遮蔽的道心。

只说合该如此的物欲是天理,合不该如此的物欲是私欲或称人欲。教育和道德修养的目的就在于改变气质,清除私欲,恢复人的天地之性、道心与天理。

陆王派理学家认为,程朱派的上述理论过于繁琐,人心只有一个,就是道心,就是天地之性,也就是天理,它是天所赋予的善心和善性。气禀与私欲之蔽,既不能叫做人性,也不能叫做人心,而是如明镜上的灰尘,一时蒙蔽了光明之性而已。陆九渊说:"盖心,一心也;理,一理也。至当归一,精义无二。此心此理,实不容有二。"[①]"《书》云:'人心惟危,道心惟微。'解者多指人心为人欲,道心为天理,此说非是。心一也,人安有二心?自人而言,则曰惟危;自道而言,则曰惟微。罔念作狂,克念作圣,非危乎?无声无臭,无形无体,非微乎?"[②]陆九渊的这两段话,反对把心分为道心与人心,显然是针对程朱的。但他把人心说成是人欲,却不符合朱熹的原意,因为朱熹讲的人欲,是指过分的、不该有的欲望,而人心是被人欲污染了的道心,其污染的程度有深有浅,因此人心并不等于人欲。圣贤也有人心,但在

---

① 《陆九渊集》卷一《与曾宅之》。
② 《陆九渊集》卷三十四《语录》上。

他们人心中，人欲极少，十分接近于道心。所以在朱熹那里，人心与人欲并不是一回事。陆九渊的理解虽不准确，但他反对道心与人心的区分，认为只有一个心，就是道心，就是天理，这个观点却是非常明确的。他说："人皆有是心，心皆具是理，心即理也。"[①]"仁义者，人之本心也。"[②]"四端者，人之本心也，天之所以与我者，即此心也。"[③]人的本心就是仁义礼智之心，是天所赋予的。王守仁也说："心即理也。此心无私欲之蔽，即是天理，不须外面添一分。"[④]他们还认为，这个极好至善的本心，人人相同，永远相同，没有任何例外，在这个根本问题上，所有的人都是平等的。陆九渊说："心，只是一个心。某之心，吾友之心，上而千百载圣贤之心，下而千百载复有一圣贤，其心亦只如此。"[⑤]他明确指出，你的心，我的心，过去圣贤的心，未来圣贤的心，所有人的心，都是相同的，极好至善的，都是天理。

既然人心就是天理，那么心、理、性、命，就都应该是

---

① 《陆九渊集》卷十一《与李宰》之二。
② 《陆九渊集》卷一《与赵监》。
③ 《陆九渊集》卷十一《与李宰》之二。
④ 《王文成公全书》卷一《传习录》上。
⑤ 《陆九渊集》卷三十五《语录》下。

第三章 理学陆王派的不同观点

一回事,只是就不同的地位和角度为言而已。王守仁说:"知,是理之灵外,就其主宰处说,便谓之心;就其秉赋处说,便谓之性。"① "经,常道也。其在于天谓之命,其赋于人谓之性,其主于身谓之心。心也,性也,命也,一也。"② 陆九渊和王守仁虽然也讲气禀,但认为气禀不是性,人性只有天地之性,是极好至善的。所以朱熹曾批评陆九渊说:"陆子静之学,看他千般万般病,只在不知有气禀之杂,把许多粗恶底气都做心之妙理,合当凭地自然做将去。"陆九渊只看到私欲之蔽,似乎"断绝得许多利欲,便是千了万当,一向任意做出都不妨。不知初自受得这气禀不好,今才任意发出,许多不好底,也只都做好商量了。只道这是胸中流出,自然天理;不知气有不好底夹杂在里,一齐衮将去,道害事不害事?"③ 朱熹说,陆九渊认为只要清除了私欲,心中便全是天理,便可随便说话,随便做事,都不会违背天理。朱熹认为,除了私欲之蔽应当清除外,还有气禀之偏也需要改变,陆九渊以人心全是天理,人性全是天地之性,看不到气禀对人性的影响,在理论上是一大缺陷。

---

① 《王文成公全书》卷一《传习录》上。
② 《王文成公全书》卷七《稽山书院尊经阁记》。
③ 《朱子语类》卷一二四。

（二）心外无理

理学程朱派认为，"人人有一太极，物物有一太极"，万事万物又各有其理，格物致知就是用心这个认识器官去认识万事万物之理，以便与心中的天理相证合。王守仁认为，正是由于朱熹把心分为道心与人心，把心与理分而为二，才把认识过程搞得如此复杂而难通，而如最重要的仁义礼智之理，如何从心外求得？王守仁说："晦庵谓：人之所以为学者，心与理而已。心虽主乎一身，而实管乎天下之理，理虽散在万事，而实不外乎一人之心。是其一分一合之间，而未免已启学者心理为二之弊，此后也所以有'专求本心，遂遗物理'之患，正由不知心即理耳。夫外心以求物理，是以有暗而不达之处，此告子义外之说，孟子所以谓之不知义也。心一而已，以其全体恻怛而言，谓之仁；以其得宜而言，谓之义；以其条理而言，谓之理。不可外心以求仁，不可外心以求义，独可外心以求理乎？"[①]朱熹认为陆九渊专求本心，会有遗弃物理之患。王守仁认为，人们所要认识的天理，主要是仁义礼智之理，从外物中是求不到的，只能在心中寻求。如果在心外求理，往往会以非理为理，以恶为善。王守仁说：

---

① 《王文成公全书》卷二《答顾东桥书》。

"诸君要识得我立言宗旨。我如今说个心即理是如何？只为世人分心与理为二，故便有许多病痛。如五伯攘夷狄，尊周室，都是一个私心，便不当理；人却说他当理，只心有未纯，往往说慕其所为，要来外面做得好看，却与心全不相干。分心与理为二，其流至于伯道之伪，而不自知；故我说个心即理，要使知心理是一个，便来心上做工夫，不去袭义于义，便是王道之真，此我立言宗旨。"①春秋时五霸尊王攘夷，若从心外求理，就会认为五霸的行为符合天理；但若从心上寻求，就会发现五霸的私心，并不符合天理。因此，理只在心中，不在心外，在心外求理，是得不到真正的天理的。

陆王派由仁义礼智之理只在心中，进一步推论说天下的万物之理都在心中。但这个推论是跳跃式的，实际上没有推衍的过程，只是把仁义礼智之理与万物之理混为一谈而已。《传习录》下记载："又问心即理之说：'程子云：在物为理，如何谓心即理？'先生曰：'在物为理，"在"字上当添一"心"字。此心在物则为理，如此心在事父则为孝，在事君则为忠之类'"。②别人问的是万物之理，王守仁却以事父事君之理

---

① 《王文成公全书》卷三《传习录》下。
② 《王文成公全书》卷三。

作答。这本是偷换了概念，而王守仁却由此得出万物之理都在心中的结论。他说："夫物理不外于吾心，外吾心而求物理，无物理矣。"①"天下宁有心外之性，宁有性外之理乎？"② 陆九渊则说，天下只有一个理，仁义礼智之理也就是万物之理，因此万物之理都在心中。他说："看晦翁书，但见糊涂，没理会。观吾书，坦然明白。吾所明之理，乃天下之正理、常理、公理，所谓'本诸身，证诸庶民，考诸三王而不谬，建诸天地而不悖，质诸鬼神而无疑，百世以俟圣人而不惑者'，学者正要穷此理，明此理。""天下正理，不容有二。若明此理，天地不能异此。鬼神不能异此，千古圣贤不能异此。"③陆九渊所讲的正理、常理、公理，就是仁义礼智之理。

从上面的分析，我们可以看到，陆王的"天下正理，不容有二"与程朱的"人人有一太极，物物有一太极"在本质上是相同的。但程朱的"理一分殊"的根源是太极，在物为理，在人为性。理与性虽为一，但一在外物，一在人心，格外物以穷理，如何与天地之性、道心相合，总是难以讲明白。陆王指出了这一矛盾处，改以心为根源，认为万物之理都是由

---

① 《王文成公全书》卷二《答顾东桥书》。
② 《王文成公全书》卷八《书诸阳卷（甲申）》。
③ 《陆九渊集》卷十五《与陶赞仲》之二。

心所发出,是心中之理在万物中的体现。王守仁说:"理也者,心之条理也。是理也,发之于亲则为孝,发之于君则为忠,发之于朋友则为信。千变万化,至不可穷竭,而莫非发于吾之一心。"[1] 又说:"心之体,性也,性即理也。故有孝亲之心,即有孝亲之理;无孝亲之心,即无孝之理矣。有忠君之心,即有忠之理;无忠君之心,即无忠之理矣,理岂外于吾心邪?"[2] 理全在心中,心包万理,万物之理都是心中发出来的。于是,陆王之心即理,便充当了程朱的太极的角色。这是陆王与程朱的重要区别之一。

(三) 心外无物

理学程朱派认为,理是事物的结构规则,事物所以各不相同,就是因为具有各不相同的结构规则。因此,结构规则即理是决定事物性质的根本因素。由此,程朱认为,理是事物之本,是事物的主宰。陆九渊把这一思想推向极端,无限夸大理的作用,以至认为万物都是理孕育出来的"塞宇宙,一理耳。……此理之大,岂有限量?程明道所谓有憾于天地,

---

[1] 《王文成公全书》卷八《书诸阳卷(甲申)》。
[2] 《王文成公全书》卷二《答顾东桥书》。

则大于天地者矣,谓此理也"①。理在宇宙间最为尊贵,"顺之则吉,逆之则凶";也最广大,充满了宇宙,没有限量。"大哉!圣人之道。洋洋乎发育万物,峻极于天,优优大哉!"②圣人之道也就是天理,天地万物都是从这里发育出来的。

陆九渊认为,心即理,心具万理,而理又是天地万物的发育之源,所以天地万物都是从心中发育出来的,并且都存在于心中:"万物森然于方寸之间,满心而发,充塞宇宙,无非此理。"③方寸即是心。天地万物都从心中发育出来,又都存在于心中,这样的心,实际上成了宇宙的代词:"四方上下曰宇,往古来今曰宙。宇宙便是吾心,吾心即是宇宙。"④陆九渊的这一观点与孟子的"万物皆备我"相同,可见圣贤也有同样的看法。他说:"此心此理,我固有之,所谓'万物皆备于我'。昔之圣贤先得我心之同然者耳。"⑤其实陆九渊的观点应当叫"万物皆备于心",与禅宗惠能的看法相同。《六祖坛经》云:"心量广大,犹如虚空。……能含日月星辰、

---

① 《陆九渊集》卷十二《与赵咏道书》四。
② 《陆九渊集》卷十三《与冯传之书》。
③ 《陆九渊集》卷三十四《语录》上。
④ 《陆九渊集》卷二十三《杂说》。
⑤ 《陆九渊集》卷一《与侄孙浚》。

大地山河、一切草木。"陆九渊的观点，表现了理学对禅学的吸收、改造和利用。

王守仁在这个问题上，与陆九渊稍有区别。他先指出人为之事是由心念所产生的，然后把人为之事与天地万物混为一谈，推衍出天地万物也由心念所产生的错误结论。他说："身之主宰便是心，心之所发便是意，意之本体便是知，意之所在便是物。如意在于事亲，即事亲便是一物；意在于事君，即事君便是一物；意在于仁民爱物，即仁民爱物便是一物；意在于视听言动，即视听言动便是一物。所以某说无心外之理，无心外之物。"[①] 他举的例子，全是人为之事，并不能与人事之外的天地万物相等同，如日蚀、地震，均非人为之事，怎么能说是从心中产生的呢？

对于这个问题，王守仁采用了另一种解释方法，认为没有心念，无法断定外物的存在，那么它也就沉寂隐没了。《传习录》载，一次王守仁与朋友游南镇，一个朋友指着山岩中中的花树说："天下无心外之物，如此花树在深山中自开自落，于我心亦何相关？"王守仁回答说："你未看此花时，此花与汝心同归于寂；你来看此花时，则此花颜色一时明白

---

① 《王文成公全书》卷一《传习录》上。

起来,便知此花不在你的心外。"①其实你心中"明白起来"时,花树仍然在心外;"此花与汝心同归于寂"时,花树同样在你心外客观地存在着。王守仁的回答,不过是为了强调心的巨大作用而进行的诡辩,而这种诡辩是难以使人信服的。但是为了理论体系和目的的需要,他一直坚持这种错误的看法。他曾说:"我的灵明,便是天地鬼神的主宰。天没有我的灵明,谁去仰他高?地没有我的灵明,谁去俯他深?鬼神没有我的灵明,谁去辩他吉凶灾祥?天地、鬼神、万物离却我的灵明,便没有天地、鬼神、万物了。"有个学生问:"天地、鬼神、万物,千古见在,何没了我的灵明,便俱无了?"王守仁回答说:"今看死的人,他这些精灵游散了,他的天地万物尚在何处?"②这里,学生问的是"天地万物",王守仁回答的是"他的天地万物",又偷换了概念。可见陆王心学理论逻辑上的漏洞太多,难以自圆其说,往往不作论证,或用诡辩的方法来代替论证,难以使人信服。在理论上,陆王心学远没有程朱道学严谨缜密。难怪朱熹批评陆九渊说:"圣贤言语,一步是一步。近来一种议论,只是跳踯。初则两三步作一步,

---

① 《王文成公全书》卷三《传习录》下。
② 《王文成公全书》卷三《传习录》下。

甚则十数步作一步，又甚则千百步作一步，所以学之者皆颠狂。"[1]不作推衍论证，是陆九渊的特点。王守仁试图论证，却又论证不圆，只好以诡辩来应付。不过在他们来说，目的比理论的论证更为重要，为了目的需要，理论上论证的好坏是无关紧要的。

二、致良知

既然心即理、心外无理、心外无物，那么道德修养也就不需要程朱派所说的那么复杂，格物致知即可简单地归结为除去蔽障，明心中之理。陆王派的观点正是如此。

（一）简易工夫

朱熹的格物致知，要求在读书、议论古今人物、应接事物以至研究一草一木中穷究事物之理，以便豁然贯通，与心中之理相证合。但心中之理只是天地之性，它如何与一草一木之理相证合呢？朱熹在这个问题上难以说清楚。王守仁批评说："先儒解格物为格天下之物，天下之物如何格得？且

---

[1] 《朱子语类》卷一二四。

谓一草一木亦皆有理,今如何去格?纵格得草木来,如何反来诚得自家意?"①这一批评的最后一句抓住了朱熹格物致知论的漏洞。

陆九渊反对"道在迩而求诸远,事在易而求诸难"的修养方法,引《易·系辞》的话说:"乾以易知,坤以简能。易则易知,简则易从。易知则有亲,易从则有功。有亲则可久,有功则可大。可久则贤人之德,可大则贤人之业。易简而天下之理得矣。"②提出了修养工夫应遵循简易的原则。他提出,由于心即理,理不在心外,因此格物致知、穷理尽性的大段工夫,完全可以用明心见性的简易方法来代替,其具体方法主要是存心、复心和养心,就是对本来自明的本心要保存,对尚被私欲障蔽的本心要恢复,对已经恢复的本心要涵养。他说:"古人教人,不过存心、养心、求放心。……此乃为学之门,进德之地。"③他的学生毛刚伯说:"先生之讲学也,先欲复本心以为主宰,既得本心,从此涵养,使日充月明。"④关于存心,他说:"孟子曰:'存其心。'某旧尝

---

① 《王文成公全书》卷三《传习录》下。
② 《陆九渊集》卷一《与曾宅之书》。
③ 《陆九渊集》卷五《与舒西美》。
④ 《陆九渊集》卷三十六《年谱》。

以'存'名斋。……只'存'一字，自可使人明得此理。此理本天所以与我，非由外铄。"①关于复心，他提出了知非、去私、破邪说、改过、剥落五个内容。他说："知非则本心即复。""人心有病，须是剥落。剥落得一番，即一番清明，后随起来，又剥落，又清明，须是剥落得净尽方是。"②他认为复心是关键，必须要有"冲破罗网，焚烧荆棘"的精神。本心一旦恢复，便"涣然冰释，怡然理顺"③，"一是即皆是，一明即皆明"④，"一正则百正"⑤。关于养心，他提出了收敛精神、宣气爽心、寡欲去欲等要点。

陆九渊认为，存心、复心与养心都是自己的事，虽然也需要老师引导，但主要是自我修养。他说："女耳自聪，目自明，事父自能孝，事兄自能弟，本无欠缺，不必他求，在自立而已"⑥"自立自重，不可随人脚步，学人言语。"⑦陆九渊强调自立自重，不必他求，容易使人产生轻视教育的错

---

① 《陆九渊集》卷一《与曾宅之书》。
② 《陆九渊集》卷三十五《语录》下。
③ 《陆九渊集》卷三与《刘深父书》。
④ 《陆九渊集》卷三十五《语录》下。
⑤ 《宋元学案·象山学案》。
⑥ 《陆九渊集》卷三十四《语录》上。
⑦ 《宋元学案·象山学案》。

误倾向。朱熹批评说:"子静如今也有许多人来从学,亦自长久相聚,还理会个甚么?何故不教他自归去理会,只消恁地便了!"①陆九渊强调自立自重,必然反对依傍书本。他说:"学苟知本,《六经》皆我注脚。"②又说:"学者须是打叠田地净洁,然后令他奋发植立。若田地不净洁,则奋发植立不得。……然田地不净洁,亦读书不得。若读书,则是假寇兵,资盗粮。""若某则不识一个字,亦须还我堂堂地做个人。"③而且理在心中,不在书上,因此书本也不可全信。对此,朱熹竭力反对:"来书……谓圣贤之言不必尽信,……此其为说,乖戾狠悖,将有大为吾道之害者,不待他时末流之弊矣。……此事不比寻常小小文义异同。"④朱熹所以高度重视这个问题,主要是陆九渊动摇了圣贤经典的神圣地位,将使人们的思想失去统一的标准,造成信仰危机和自以为是的混乱局面。他说,若"遽绌古书为不足信",必然"直任胸臆之所裁"⑤,认为"只我胸中流出底是天理",各是其所是,各非其所非,必将会

---

① 《朱子语类》卷一二四。
② 《陆九渊集》卷三十四《语录》上。
③ 《陆九渊集》卷三十五《语录》下。
④ 《朱文公文集》卷三十六《答陆子静》。
⑤ 《朱文公文集》卷三十六《答陆子静》。

带来可怕的后果。"渠自说有见于理,到得做处,一向任意做去,全不睹是,人同之则喜,异之则怒,至任喜怒胡乱,便打人骂人,后生才登其门,便学得不逊无礼出来,极可畏!世道衰微,千变百怪如此,可畏!可畏!"[1]

朱熹的修养方法重在穷理以诚意,被称为"道问学",即通过问学以求道之意。陆九渊的修养方法重在明心以见性,被称为"尊德性",即尊重自身的德性之知,不假外求之意。朱陆两派争论激烈。为了调和朱陆矛盾,理学家吕祖谦于淳熙二年(一一七五)约请两派聚会于信州铅山县鹅湖寺,后人称之为"鹅湖之会"。会上,双方互相辩论。陆九龄作诗一首,强调"古圣相传只此心",认为心是一切事物的根源和基础,"大抵有基方筑室,未闻无址忽成岑"。他批评朱熹"留情传注"的治学方法处处荆草丛生,雍塞不通,而"著意精微"的内省方法才深沉透彻。陆九渊说"易简工夫终久大,支离事业竟浮沉"。批评朱熹的格物穷理过于支离繁琐。朱熹三年后回诗一首,诗中有云:"旧学商量加邃密,新知培养转深沉。只愁说到无言处,不信人间有古今。"认为读书治经的学问越加细密严谨,对圣人之道的认识才能越深邃。

---

[1] 《朱子语类》卷一二四。

他批评陆九渊不重视读书,不重视讲学,学问空疏,师心自用。随陆九渊一起参加鹅湖之会的朱亨道总结鹅湖的辩论说:"鹅湖之会,论及教人,元晦(朱熹)之意欲令人泛观博览而后归之约,二陆之意欲先发明人之本心而后使之博览。朱以陆之教人为太简,陆以朱之教人为支离,此颇不合。"[①]朱陆分歧,始终未能统一。

陆王的简易修养方法与程朱的复杂修养方法,在封建社会中,各有各的功效,二者相辅相成,都是封建社会所需要的。对于那些有条件读书上学,且有毅力的人来说,程朱的方法也许更具吸引力;对于那些欠缺读书上学的条件,或不愿穷毕生之力去格物的人来说,陆王的方法也许更具吸引力。对于那些自身力量强大、自信心十足的人来说,程朱的方法也许显得更稳健;对于那些自身力量较弱、急需增强自信心的人来说,陆王的方法也许显得更对胃口。在社会比较安定的时代,程朱的方法自然更合时宜;在社会危机严重的时代,陆王的方法必然更受到重视。用古人的话说,程朱的理论与陆王的理论如"车之两轮,鸟之双翼",都是不能缺少的。前人长期进行朱陆之争,或是朱非陆,或是陆非朱,实在没

---

① 《宋元学案·槐堂诸儒学案》。

有什么必要，也不会有什么结果。当然，客观地总结双方在理论上的经验教训，则是必要和可行的。

（二）良知

王守仁的致良知，是对朱熹格物致知的改造，改造中吸收了孟子的"良知"概念。"致良知"既与《大学》的条目、与朱熹的格物致知的提法相接近，又与佛教明心见性的禅学相区别。这就在陆九渊的基础上前进了一大步。王守仁对他自己的这个创造十分欣赏，认为致良知是他学说的根本。他说："吾平生讲学，只是致良知三字。"[①] 又说："近有乡大夫请某讲学者云：'除却良知，还有甚么说得？'某答云：'除却良知，还有甚么说得'！"[②] 可见他对致良知重视的程度。

"良知"在孟子那里是指不经后天学习即有的天生的是非判断能力和道德意念。王守仁则将良知改造为万能的本体和本源。

"良知"，王守仁又称之为"德性之良知"[③]，相当于程朱所说的德性之知。程朱认为，德性之知是道心所固有的对

---

① 《王文成公全书》卷二十六《寄正宪男手墨二卷》。
② 《王文成公全书》卷六《寄邹谦》之三。
③ 《王文成公全书》卷二《答顾东桥书》。

是非、善恶的认识，它不由见闻而得。王守仁不讲道心与人心的区分，认为良知是心中固有的是非、善恶之知。他说："良知只是个是非之心，是非只是个好恶。只好恶，就尽了是非。"① 又说："良知者，孟子所谓是非之心，人皆有之者也。是非之心，不待虑而知，不待学而能，是故谓之良知。"② 良知是先天具有的，不需要通过见闻。在朱熹那里，认识的过程需要通过闻见之知与德性之知相证合，才能豁然贯通，使德性之知显明起来。而在王守仁这里，则不需要闻见之知来证合，相反，闻见之知是德性之知的发用，二者是本体与发用的关系。他说："德性之良知，非由于见闻。"③ "良知不由见闻而有，而见闻莫非良知之用。故良知不滞于见闻，而亦不杂于见闻。"④ 这个作为认识本体的德性良知，最重要的是对善恶的识别能力和为善去恶的心念。他说："盖良知只是一个天理自然明觉发见处，只是一个真诚恻怛，便是他本体。故致此良知之真诚恻怛以事亲，便是孝；致此良知之真诚恻怛以从兄，便是弟；致此良知之真诚恻怛以事君，便是忠。只

---

① 《王文成公全书》卷三《传习录》下。
② 《王文成公全书》卷二十六《大学问》。
③ 《王文成公全书》卷二《答顾东桥书》。
④ 《王文成公全书》卷一《答欧阳崇一》。

是一个良知。""孟氏'尧舜之道,孝弟而已'者,是就人之良知发见得最真切笃厚、不容蔽昧处提省人,使人于事君、处友、仁民、爱物,与凡动静语默间,皆只是致那一念事亲从兄真诚恻怛的良知。"①"见父自然知孝,见兄自然知弟,见孺子入井自然知恻隐,此便是良知。"②

德性之知在程朱那里是道心所固有的,而道心又来自于天地之性。王守仁不讲道心与人心的区分,认为只有一个心,所以说良知为心所固有。王守仁又不讲天地之性与气质之性的区分,认为气禀不是性,人性就是一个天地之性,它是天之所赋,故又称天命之性,是纯粹至善的。因此,王守仁说,良知是天命之性即人性的发见:"至善者,明德亲民之极则也。天命之性,粹然至善,其灵昭不昧者,此其至善之发见,是乃明德之本体,而即所谓良知也。"③良知是明德的本体,是至善的天命之性的"发见",即发动与表现。所以如他所说:"性无不善,故知无不良。"④

天命之性在程朱那里,是人由"理一分殊"而得到的太

---

① 《王文成公全书》卷二《答聂文蔚二》。
② 《王文成公全书》卷一《传习录》上。
③ 《王文成公全书》卷二十六《大学问》。
④ 《王文成公全书》卷二《答陆原静》。

极即天理的完整信息。王守仁认为心即理,理不在心外,因此,作为天命之性发见的良知也是心中之理的发见,或者干脆直截了当地说,良知就是天理。他说:"良知是天理之昭明灵觉处,故良知即是天理。思是良知之发用,若是良知发用之思,则所思莫非天理矣"① "盖良知只是一个天理自然明觉发见处。"② "夫心之本体,即天理也。天理之昭明灵觉,所谓良知也。"③ "吾心之良知。即所谓天理也。"④

由于陆王的心即理是天地万物所由发育的源泉,而王守仁又认为良知就是天理,因而必然得出良知是天地万物所由发育的源泉的结论。王守仁说:"良知是造化的精灵。这些精灵,生天生地,成鬼成帝,皆从此出,真是与物无对。人若复得也,完完全全,无少亏欠,自不觉手舞足蹈,不知天地间更有何乐可代。"⑤ 在王守仁这里,良知的造化功能广大无比,宇宙间的一切都是良知的发用流行。他说:"良知之虚,便是天之太虚。良知之无,便是太虚之无形。日月风雷,

---

① 《王文成公全书》卷二《答欧阳崇一》。
② 《王文成公全书》卷二《答聂文蔚》二。
③ 《明儒学案》卷十《与舒国用》。
④ 《王文成公全书》卷二《答顾东桥书》。
⑤ 《王文成公全书》卷三《传习录》下。

山川民物，凡有貌象形色，皆在太虚无形中发用流行。……天地万物，俱在我良知的发用流行中，何尝又有一物超于良知之外？"① "夫良知一也，以其妙用而言，谓之神；以其流行而言，谓之气；以其凝聚而言，谓之精。安可以形象、方所求哉！"② 王守仁如此夸大良知的地位和作用，以至使我们简直可以称王学为"良知学"了。

王守仁如此抬高良知的地位和作用，目的就在于激发人们的道德良心，启发人们的道德自觉，以挽救当时的社会危机。张岱年先生说："我们认为，良知、良心是应该肯定的。但孟子所谓'不学而能''不学而知'却不符合事实。人的良知、良心即是人的道德觉悟、道德意识，有其社会历史的根源。人类在长期的历史过程中，认识了什么是应该做的，认识了什么是不应该做的。这种社会性历史性的认识积淀在人们的头脑中，形成道德意识、道德觉悟。具有这种意识，达到这种觉悟，谓之有良知，有良心。启发这种觉悟、培养这种意识，正是文化教育的任务。"③ 王守仁把良知说成是先天的，并无限夸大良知的地位和作用，这本身是错误的，但不能因

---

① 《王文成公全书》卷三《传习录》下。
② 《王文成公全书》卷二《答陆原静》。
③ 《中国古典哲学概念范畴要论》第二〇三——二〇四页。

此而否定良知的地位和作用，张岱年先生的看法是正确的。

（三）致良知

王守仁认为，德性的良知是唯一的知，闻见之知不过是德性良知的发用，因此，要获得对天理的体认，只有通过良知，而不能通过闻见之知。朱熹强调格物致知，要通过格外物之理，获得闻见之知，才能与德性之知相证合，达到豁然贯通。王守仁曾以自己的体会告诉学生，说这是不可能实现的。他说："众人只说格物要依晦翁，何曾把他的说去用？我著实曾用来。初年与钱友同论做圣贤，要格天下之物，如今安得这等大的力量？因指亭前竹子令去格看。钱子早夜去穷格竹子的道理，竭其心思至于三日，便致劳神成疾。当初说他这是精力不足，某因自去穷格。早夜不得其理，到七日亦以劳思致疾，遂相与叹圣贤是做不得的，无他大力量去格物了。及在夷中三年，颇见得此意思，乃知天下之物本无可格者，其格物之功只在身心上做，决然以圣人为人人可到，便自有担当了。这里意思却要说与诸公知道。"[①] 于是他批评朱熹格外物之理的主张是错误的，是邪妄之知、异端之学。他说："良知之外更无知，

---

① 《王文成公全书》卷三《传习录》下。

致知之外更无学。外良知以求知者,邪妄之知矣。外致知以为学者,异端之学矣。"① 他认为,只有致良知才是真正的学问,才是唯一正确的修养方法。

王守仁认为,朱熹格物致知说在理论上的主要错误,是把心与理分开了,以为外物中也有理。他说:"朱子所谓格物云者,在即物而穷其理也。即物穷理是就事事物物上求其所谓定理者也,是以吾心而求理于事事物物之中,析心与理为二矣。夫求理于事事物物者,如求孝之理于其亲之谓也。求孝之理于其亲,则孝之理其果在于吾之心邪,抑果在于亲之身邪?假而果在于亲之身,则亲没之后,吾心遂无孝之理欤?见孺子之入井,必有恻隐之理,是恻隐之理果在于孺子之身欤,抑在于吾之良知欤?其或不可以从之于井欤,其或可以手而援之欤?是皆所谓理也。是果在于孺子之身欤,抑果出于吾心之良知欤?以是例子,万事万物之理,莫不皆然。是可以知析心与理为二之非矣。"② 按照王守仁的观点,孝亲之理不在所亲者身上,恻隐之理不在入井的孺子身上,而在自己的心中,万事万物莫不如此,他说朱熹的格物说是"务

---

① 《王文成公全书》卷六《与马子莘》。
② 《王文成公全书》卷二《答顾东桥书》。

外遗内,博而寡要",会"玩物丧志",不得要领。

王守仁根据自己的心即理、心外无理、心外无物和良知说,提出了自己的格物致知说:"若鄙人所谓致知格物者,致吾心之良知于事事物物也。吾心之良知即所谓天理也。致吾心之良知于事事物物,则事事物物皆得其理矣。致吾心之良知者,致知也。事事物物皆得其理者,格物也。是合心与理为一者也"。[1] 把自己心中的良知即天理推广到事物上,就是致知;事物得到了心中的天理,就是格物。不过王守仁在这里讲的主要是致知,即致良知,而不是格物,他对格物另有解释。

王守仁认为,心的本体良知是纯粹至善和光明洁净的,但被私欲所蔽,心体不得光明,需要清除私欲的蔽障,才能使心体良知重新光明起来。这个存天理、去私欲的工夫,就是格物。他说:"人心是天渊,心之本体,无所不该,原是一个天,只为私欲障碍,则天之本体失了;心之理无穷尽,原是一个渊,只为私欲窒塞,则渊之本体失了。如今念念致良知,将此障碍窒塞,一齐去尽,则本体已复,便是天渊了。"[2] 王守仁在这里所说的"本体失了",不够准确,意思是昏暗

---

[1] 《王文成公全书》卷三《传习录》下。
[2] 《王文成公全书》卷三《传习录》下。

不明了。王守仁说:"性无不善,故知无不良。良知即是未发之中,即是廓然大公、寂然不动之本体,人人之所同具者也。但不能不昏蔽于物欲。故须学以去其昏蔽,然于良知之本体,初不能有加损于毫末也。知无不良,而中寂大公未能全者,是昏蔽之未尽去,而存之未纯耳。"① 正是由于私欲之蔽,所以才需要格物以去私欲。

王守仁训格物之"格"为"正"。他说:"格者,正也。正其不正以归于正之谓也。正其不正者,去恶之谓也;归于正者,为善之谓也。夫是之谓格。"② 由此,王守仁认为,格物就是正心,正心中之不正之处。他说:"故格物者,格其心之物也,格其意之物也,格其知之物也。"③ 这种格物,只能是一种内省的工夫。"其心本无昧,而欲为之蔽,习为之害,故去蔽与害而明复,匪自外得也。心犹水也,污入之而流浊;犹鉴也,垢积之而光昧。"④ 欲与习是蔽害的病根,污与垢是水浊、鉴昧的原因。找到了病根,就应当去努力克治,克治是自我省察,或者叫克己。他说:"人若真实切己,

---

① 《王文成公全书》卷二《答陆原静》。
② 《王文成公全书》卷二《答顾东桥书》。
③ 《王文成公全书》卷二《答罗整庵少宰书》。
④ 《王文成公全书》卷七《别黄宗贤归天台序》。

用功不已，则于此心天理之精微，日见一日；私欲之细微，亦日见一日，若不用克己工夫，终日只是说话而已，天理终不自见，私欲亦终不自见。……只管闲讲，何益之有？且待克得自己无私可克，方愁不能尽知，亦未迟在。"① 王守仁说克己的工夫，要时时、事事不间断，要像猫捉老鼠那样，才有一念萌动，便要坚决、勇猛地克制干净。"省察克制之功，则无时而可间。如去盗贼，须有个扫除廓清之意。无事时将好色、好货、好名等私逐一追究，搜寻出来，定要拔去病根，永不复起，方始为快。常如猫之捕鼠，一眼看着，一耳听着，才有一念萌动，即与克去，斩钉截铁，不可姑容与他方便，不可窝藏，不可放他出路，方是真实用功，方能扫除廓清。到得无私可克，自有端拱时在。虽曰何思何虑，非初学时事，初学必须思省察克治，即是思诚，只思一个天理。"②

　　王守仁把格物解释为正心，解释为清除私欲与积习的蔽障，而把致知改造为致良知，即把良知发用到事事物物上，如果把格物与致知连接起来，那么格物便是克己工夫，即去私欲的工夫，致知便是行的工夫。这样，王守仁便和陆九渊

---

① 《王文成公全书》卷一《传习录》上。
② 《王文成公全书》卷一《传习录》上。

一样，把道德修养的程序大大地简化了，简化为正心与致良知两个阶段。正心也不需研究外物，甚至不必多读书，不需格物、致知、诚意、正心那么繁杂的程序，只要自我省察克治就行了。清除了蔽障，良知、天理自然明白显现出来。致良知也不需要修身、齐家、治国、平天下那么复杂的程序，只要按良知去行动就行了。总之，正心与致良知，是王守仁的简易工夫，而简易工夫正是陆王道德修养论不同于程朱的根本特征。

三、知行合一

知行关系是中国思想史上普遍关心的问题。朱熹认为，论先后，知为先；论轻重，行为重；知行常相须，互相发。这个观点，是一般人容易接受的，因而影响也较大。但如果把知先行后说强调得过分，便容易给那些不愿实行的人找到借口，说他们知得还不够，因而不能去行。也会使那些头脑不清醒的人造成误解，以为自己知得还不深刻，因而不急于去行。这两种倾向都有碍于人们道德践履的尽早进行。当社会发生危机，迫切需要人们行动的时候，知先行后说却不能满足这种需要。另外，知先行后说把知行分为两截，容易被一些人钻空子。他们满肚子男盗女娼，却满口仁义道德，夸夸其谈。他们实际上并没有真正知得，却容易被人们误认为知得很多。如果他们是政府官吏或学府教师，则危害性更大，其口是心非的说教，很容易使人们对他们所讲的理论产生怀疑以至出现厌恶心理，在社会上造成信仰危机。李贽竭力批评的"假道学"就是这样出现的。这些当然是理学末流而不是朱熹的过错，但当这种情况出现的时候，人们必然要求创建一种新的理论来揭露这种错误，引导人们走向正确的道路。王守仁的"知行合一"说，就是适应这种需要而产生的新的理论。

关于第一种情况，即社会危机需要人们尽快的、普遍地道德践履，而知先行后说却不能满足这种需要的问题，王守仁说："今人却就将知行分作两件去做，以为必先知了然后能行。我如今且去讲习讨论，做知的工夫，待知得真了方去做行的工夫。故遂终身不行，亦遂终身不知。此不是小病痛，其来亦非一日矣。"[①] 王守仁所处的时代，正是明代社会危机之时，为了挽救危机的局面，他坚决反对那种把知行分为两截、迟迟不行的倾向。

---

① 《王文成公全书》卷一《传习录》上。

关于第二种情况，即口是心非，嘴上说一套，行动另一套的问题，据《传习录》载：徐爱问："如今人尽有知得父当孝，兄当弟者，却不能孝，不能弟。便是知与行分明是两件。"王守仁说："此已被私欲隔断，不是知行的本体了。未有知而不行者。知而不行，只是未知。圣贤教人知行，正是安复那本体，不是着你只恁的便罢。"① 王守仁认为，口是心非，实际上已被私欲所隔断、壅塞，并不是真正的知。他们并不想实行，口头上讲的仁义道德，不过是为了博取虚名，扩大影响而已。他说："世之讲学者有二，有讲之以身心者，有讲之以口耳者。讲之以口耳，揣摸测度，求之影响者也；讲之以身心，行著习察，实有诸己者也。"② 王守仁痛切地反对那些"口诵仁义，行若狗彘"的丑恶现象，指出："今天下波颓风靡，为日已久，何异于病革临绝之时！"③ "就如称某人知孝，某人知弟，必是其人已曾行孝行弟，方可称他知孝知弟，不成只是晓得说些孝弟的话，便可称为知孝弟？"④ 他希望人们不要被某些人口头上漂亮的言辞所迷惑，一定要

---

① 《王文成公全书》卷一《传习录》上。
② 《王文成公全书》卷二《答罗整庵少宰书》。
③ 《王文成公全书》卷二十一《答储柴墟》二。
④ 《王文成公全书》卷一《传习录》上。

看他的行动。

此外,王守仁还有更高的希望,希望人们把恶行制止在恶念刚刚产生的时候,如果人们能这样做到的话,社会上的恶行必然会大为减少。他说:"今人学问,只因知行分作两件,故有一念发动,虽是不善,然却未尝行,便不去禁止。我今说个知行合一,正要人晓得,一念发动处便即是行了;发动处有不善,就将这不善的念克倒了,须要彻根彻底,不使那一念不善潜在胸中。此是我立言宗旨。"①

适应上述两种需要,抱着一个良好的愿望,王守仁提出了著名的"知行合一"学说。他恳切地向人们宣告:"某今说个知行合一,正是对病的药。"②希望能引起人们的普遍重视。他关于知行合一的主要观点有以下几点:

第一,王守仁首先指出,他提出知行合一,"又不是某凿空杜撰,知行本体原是如此"③。"知行之体本来如是,非以己意抑扬其间,姑为是说,以苟一时之效者也。"④知行的本体是什么?王守仁说,就是"良知":"知行二字,

---

① 《王文成公全书》卷三《传习录》下。
② 《王文成公全书》卷一《传习录》上。
③ 《王文成公全书》卷一《传习录》上。
④ 《王文成公全书》卷二《答顾东桥书》。

亦是就用功上说，若是知行本体，即是良知良能。"①意思是，从工夫上说，有知和行两件事，但就本体上而言，知和行都是同一个本体的发用，这个本体就是良知，也就是天理。良知不仅包括知，而且包括行，仅仅是知还不是良知，仅仅是行也不是良知，只有既知又行才是良知，而良知这个本体的发用，必然会表现为完全一致的知和行。王守仁说："故《大学》指个真知行与人看，说：'如好好色，如恶恶臭。'见好色属知，好好色属行。只见那好色时已自好了，不是见了后又立个心去好；闻恶臭属知，恶恶臭属行，只闻那恶臭时已自恶了，不是闻了后别立个心去恶。如鼻塞人，虽见恶臭在前，鼻中不曾闻得，便亦不甚恶，亦只是不曾知臭。就如称某人知孝，某人知弟，必是其人已曾行孝行弟，方可称他知孝知弟，不成只是晓得说些孝弟的话，便可称为知孝弟？又如知痛，必已自痛了，方知痛；知寒，必已自寒了；知饥，必已自饥了。知行如何分得开？此便是知行的本体，不曾私意隔断的。"②当良知这个知与行的本体没有被私欲隔断时，由良知发用出来的知与行是同时发生的，不是先立个心去知，再立心去行。

---

① 《王文成公全书》卷二《答陆原静》。
② 《王文成公全书》卷一《传习录》上。

知与行是同一个良知本体的发用，又同时发生，因而叫知行合一，即知与行在本体上是合一的。

正是由于知与行是一个良知本体的发用，因而王守仁比喻说："知犹水也，人心之无不知，犹水之无不就下也；决而行之，无有不就下者。决而行之者，致知之谓也。此吾所谓知行合一者也。"[1]这里的"知"是指良知。人心之良知无不善，就像水之性无不就下一样。因为被私欲隔断、壅塞，水一时不能下行。若决破壅塞，清除阻隔，水就没有不往下流，良知就没有不行善的。行善是良知的发用，不行善便不是良知的发用，不能行善说明良知本体受到了阻隔而不能发用，绝不会出现知善而不行善的情形。

第二，王守仁认为，对于每一个接受教育，进行道德修养的人来说，知与行是一个工夫，不能分作两件事去做，既不能只行而不知，也不能只知而不行。只行而不知，必是冥行；只知而不行，必是空想。他说："知行原是两个字说一个工夫。"[2]"知者行之始，行者知之成，圣学只一个功夫，知行不可分作两事。"[3]道德修养的工夫必须同时兼知与行。

---

[1]　《王文成公全书》卷八《书朱守谐卷》。
[2]　《王文成公全书》卷六《答友人问》。
[3]　《王文成公全书》卷一《传习录》上。

第三章 理学陆王派的不同观点

只做行的工夫,或只做知的工夫,都不能算道德修养,必然会走上邪路。他说:"某尝说知是行的主意,行是知的工夫。知是行之始,行是知之成。若会得时,只说一个知,已自有行在;只说一个行,已自有知在。古人所以既说一个知,又说一个行者,只为世间有一种懵懵懂懂的任意去做,全不解思惟省察也,只是个冥行妄作,所以必说个知方才行得是。又有一种人,茫茫荡荡悬空去思索,全不肯着实躬行也,只是个揣摸影响,所以必说一个行方才知得真。"[①] 又说:"行之明觉精察处便是知,知之真切笃实处便是行。若行而不能精察明觉,便是冥行,便是'学而不思则罔',所以必须说个知。知而不能真切笃实,便是妄想,便是'思而不学则殆',所以必须说个行,原来只是一个工夫。凡古人说知行,皆是就一个工夫上补偏救弊说,不似今人截然分作两件事做。某今说知行合一,虽亦是就今时补偏救弊说,然知行体段亦本来如是。"[②] 行要行得明觉精察,知要知得真切笃实,即知行都要从良知中发用出来,既知又行,知行统一,这才是真知真行。王守仁在这里虽然既讲了行的重要性,又讲了知的

---

① 《王文成公全书》卷一《传习录》上。
② 《王文成公全书》卷六《答友人问》。

重要性，但他的重点却在行上，这是"就今时补偏救弊说"的。

依据"补偏救弊"的需要，他特别强调学必兼行，只有按良知去实行才是真正的学问。他说："真知即所以为行，不行不足谓之知。""学问思辨以穷天下之理而不及笃行，是专以学问思辨为知，而谓穷理为无行也已。天下岂有不行而专学者邪？岂有不行而遂可谓之穷理者邪？……学至于穷理，至矣，而尚未措之于行，天下宁有是邪？是故知不行之不可以为学，则知不行之不可以为穷理矣。知不行之不可以为穷理，则知知行之合一并进而不可以分为两节事矣。""问思辨行皆所以为学，未有学而不行者也。如言学孝，则必服劳奉养，躬行孝道，然后谓之学，岂徒悬空口耳讲说而遂可以谓之学孝乎？学射则必张弓挟矢，引满中的；学书则必伸纸执笔，操觚染翰。尽天下之学，无有不行而可以言学者，则学之始固已即是行矣。"① 从上述论述中可以比较清楚地看到，王守仁讲知行合一，着意在于实行。他的知行合一虽与朱熹的知行观有所不同，但朱熹也是非常重视实行的。王守仁讲知行合一，重点不是批评朱熹，而是针对时弊，为补偏救弊而发。应该说，无论程朱还是陆王，都很重视实行。

---

① 《王文成公全书》卷二《答顾东桥书》。

第三章　理学陆王派的不同观点

后人有批评程朱不重实行者，说程朱只在书本上做工夫而不付诸行；有批评陆王不重实行者，说陆王只会空谈而流于禅；有批评程朱陆王者，说理学空谈心性而不能救国。这些批评并不符合事实。程朱陆王都是十分重视实行的。只知啃书本、整天在注脚中讨分晓的，不是程朱，而是程朱派的末流；只知大言空谈、整天指手划脚的，不是陆王，而是陆王派的末流；空谈心性而误国误民的，不是程朱陆王，而是理学的末流。在这个问题上，我们一些学者过去有些误会，应当逐步予以澄清。

第三，王守仁认为，真知要靠行来检验，没有善的行动，就不是真知。他说："未有知而不行者，知而不行，只是未知。"① 又说："真知即所以为行，不行不足谓之知。"② 这里的"真知即所以为行"，说的是知的目的是为了行。"知而不行，只是未知"，说的是是否真知，需要用是否实行来检验。他举例说："如称某人知孝，某人知弟，必是其人已曾行孝行弟，方可称他知孝知弟，不成只是晓得说些孝弟的话，便可称为知孝弟。……圣人教人必要是如此，方可谓之知，不然

---

① 《王文成公全书》卷一《传习录》上。
② 《王文成公全书》卷二《答顾东桥书》。

只是不曾知。此却是何等紧切着实的工夫!"[1] 知以行为目的,是否行是检验是否真知的标准。因此,在王守仁知行合一学说中,行始终占据着首要的地位。这当然不是王守仁个人的兴致所发,而是时代的需要,是补偏救弊的需要。但王守仁要提出知行合一的理论,却是他的贡献和高明之处。

---

[1] 《王文成公全书》卷一《传习录》上。

第四章　理学的衰落

明代中叶以后，资本主义萌芽的出现和发展，表明中国的社会已经开始迈出了由封建社会向资本主义社会转变的第一步，尽管这个转变时间非常漫长，道路非常曲折。作为封建社会自由租佃制阶段意识形态的理学，也与资本主义萌芽不相适应，从而与封建社会的经济、政治、文化制度一起，开始逐步走向衰落、腐朽和反动。

中国封建制度的衰落，经历过一个由衰落到复兴，再到衰落的过程。封建制度的复兴，是由当时在许多方面落后于汉民族的清政府入主中原造成的。清政府入主中原后，中国社会经历了又一次民族融合的过程。这次民族融合，同历史上多次发生的落后民族入主中原后的民族融合一样，是一种双方趋同的过程，即落后民族飞速进步，但却在一个时期内，在一定程度上，把汉民族拉向了倒退。在倒退以后的重新发展时期，封建制度又呈现出新的活力和生机，这就是史书上所说的"康乾之治"。与此相适应，理学在反对倒退，促进清政府接受比他们先进的经济、政治、文化制度和意识形态，促进康乾之治的形成方面，起到了一定的积极作用。但是，封建制度和理学的衰落是不可避免的，它终于衰落了。

一、明中后期反理学思想的萌芽

与资本主义生产关系的萌芽相适应，明代中后期在思想界出现了反理学思想的萌芽。这个萌芽是从王守仁的弟子王艮开始的。王艮从王学中分化出来，创立了泰州学派。这个学派的代表人物，除王艮外，还有颜钧、何心隐、罗汝芳、李贽等。与思想界出现的反理学思想的萌芽相呼应，文学界也出现一股市民文学思潮，其代表人物是汤显祖和冯梦龙等。由于明中后期的资本主义萌芽具有不同程度的封建性，因而与此相适应的反理学萌芽和市民文学思潮，也带有不同程度的封建性，不同程度地保存着封建伦理道德的说教，这是必然的，也是不可避免的。

明中后期反理学思想的萌芽所以从王学中分化出来，与王学理论的某些内在矛盾有很大的关系。这些矛盾主要表现在以下几个方面：第一，王守仁为了使理学理论简单化，反对朱熹关于道心与人心的区分，提出心只有一个，就是道心，并明确提出"心即理"的命题。这就很容易使人认为人的所有的心念都是符合于道即天理的，认为只要是从心中发出来的，都是天理。从王艮到李贽的发展过程来看，正是沿着这个理论思路前进的。第二，王守仁为了使理学理论简单化，不同意张载和程朱关于天地之性与气质之性的区分，提出人性只是一个，就是天地之性；对于恶的来源，他不太讲气禀，主要讲私欲之蔽。张载与程朱讲气质之性的目的，一方面是为了解释人的善恶智愚的来源，另一方面也是为了论证封建社会中人的等级差别具有先天的合理性，要人们相信善恶、智愚、贫富、贵贱等级差别不是封建制度的过错，而是各人先天气禀的清浊精粗的不同所造成的。王守仁不讲气质之性，也就从理论上取消了等级差别的先天合理性，很容易使人们从王守仁的理论中推导出人人平等、"满街都是圣人"的结论，从而取消圣愚之别，并进而用这个理论来反对封建等级制度。第三，王守仁为了使格物致知的理论简单化，反对程朱关于心外之物、事物之理客观存在的观点，提出天地万物与天地万物之理都存在于心中，都是心念（意）的发用流行，并且心也就是理。这就很容易使人们由此推导出万事万物都是心中之理的发用流行，因而都是符合天理的，包括百姓们要穿衣吃饭，商人们要赚钱发财等等，都是合理的。王艮和泰州学派的"百姓日用即道"的著名命题，正是这种思想的反映。第四，王守仁以心为天地万物万理的本源与本体，那么心就是宇宙中最宝贵的东西，而心必须依赖于身体才能存在，这就很容易使人们由此推导出身体是宇宙中最宝贵的东西的结论。那么，百姓们为了生存所作出的一切努力，商人们为了生活得更好一些所从事的种种经营，就是理所当然、无可非议的事情。王艮的"尊身立本""明哲保身"和李贽的"人必有私，而后其心乃见"等思想，就是这样推衍出来的。

（一）王艮对王学的背离

王艮（一四八三——一五四一）字汝止，号心斋，泰州安丰场（今江苏东台县）人。是王守仁的最著名的两个大弟子之一（另一个叫王畿，号龙溪），泰州学派的创始人。其父是煮盐的灶丁，他本人也当过灶丁，后来从事商贩活动，家道日见宽裕，便学习儒家经典，并初步创立了自己的思想。后从王守仁问学，在理论上有了极大的提高。他的活动能力很强，到处讲学，宣传王学。在宣传中对王学进行了若干改造，把当时贫苦百姓和商贩的某些要求融入了自己的理论，从而在下层社会中造成了很大的影响，形成了一个人数众多的具有平民色彩的泰州学派。王艮的主要著作被编入《明儒王心斋先生遗集》。其主要思想有三：一是"百姓日用即道"，二是"尊身立本"，三是"天理为天然自有之理"。

"百姓日用即道"又称"百姓日用之道""百姓日用之学"。这个命题以百姓为本，把百姓的日常生活视为道，认为百姓日用之道就是圣人之道，圣人之道应以百姓日用为旨归。而百姓日用之道，不仅仅是指道德规范，还包括百姓的基本物质生活要求。王艮说："圣人之道，无异于百姓日用。凡有异者，皆谓之异端。""愚夫愚妇，与知能行便是道。"[1]据《年谱》载："先生言百姓日用是道。初闻多不信。先生指僮仆之往来，视听持行，泛应动作处，不假安排，俱是顺帝之则。至无而有，至近而神。"[2]王艮认为，老百姓的穿衣吃饭，衣食住行，饮食男女，都是天理。他说："即事是学，即事是道。人有困于贫而冻馁其身者，则亦失其本而非学也。"[3]这些论述，反映了平民百姓对生存权利的要求，并表现出王艮不同意以身殉道的观念。

---

[1]《王心斋遗集》卷三《语录》。
[2]《王心斋遗集》卷二。
[3]《王心斋遗集》卷三《语录》。

"尊身立本"是王艮在格物致知上的基本观点，因他的家乡在淮河以南，故人称"淮南格物"说。王艮说："身与道原是一件。至尊者此道，至尊者此身。尊身不尊道，不谓之尊身；尊道不尊身，不谓之尊道。须道尊身尊，才是至善。""身与天下国家，一物也。惟一物而有本末之谓。格，洁度也，洁度于本末之间，而知'本乱而末治者否矣'，此格物也。""格物，知本也；立本，安身也。安身以安家而家齐，安身以安国而国治，安身以安天下而天下平也。"[①] 他的基本观点有三：一是人身与道为一物，身即道，道即身。二是身为本，天下国家为末。三是修身即安身，《大学》讲修身为本，即安身为本，安身立本才能家齐、国治、天下平。他把心即理改造为身即道，把修身为本改造为安身为本，把道德精神的规范改造成为身体生命的物质需求，把王学向平民之学方向改造并发展了。

"天理为天然自有之理"，是王艮对整个理学的改造。理学为了论证封建制度和道德规范"合该如此"的必然性和神圣不可侵犯性，称理为"天理"，有自然和必然之意。王艮则把它解释为天然自有、不假安排，而重点又在反对人为

---

① 《王心斋遗集》卷三《答问补遗》。

安排上。他说:"天理者,天然自有之理也。才欲安排如何,便是人欲。""良知之体,与鸢鱼同一活泼地,当思则思,思通则已。……自然天则,不着人力安排。"① 按照这个理论,理学的"克己"工夫和"齐之以礼"的措施等等,岂不是都没有必要了吗?王艮认为,就是思虑和学习也可以不要:"天理者,天然自有之理也。良知者,不虑而知、不学而能者也。惟其不虑而知、不学而能,所以为天然自有之理;惟其天然自有之理,所以不虑而知、不学而能也。"② 强调自然而然,反对人为的安排,这是当时新生活气息在思想上的反映。

王艮到处宣传王守仁的学说,但他的思想却已开始背离王守仁的学说了。沿着这个方向继续发展,便出现了何心隐、李贽等异端思想。黄宗羲曾评论说:"阳明先生之学,有泰州(王艮)、龙溪(王畿)而风行天下,亦因泰州、龙溪而渐失其传。……泰州之后,其人多能,赤手以搏龙蛇,传至颜钧、何心隐一派,遂非名教之所能羁络矣。……诸公掀翻天地,前不见有古人,后不见有来者。"③

---

① 《王心斋遗集》卷三《语录》。
② 《王心斋遗集》卷一《天理良知说答甘泉书院诸友》。
③ 《明儒学案》卷三十二《泰州学案》。

（二）何心隐的理想社会

何心隐（一五一七——一五七九）原名梁汝元，字柱乾，号夫山，江西吉安府永丰县人。他出身于富有之家，对明王朝的腐败十分不满，仰慕王艮学说，遂放弃科举仕途，从学于王艮的学生颜山农（钧），一身惟事讲学，宣传王艮思想和他自己提出的社会理想，并积极与统治者的腐败行为作斗争，最后被统治者所杀害。其著作《爨桐集》长期只有抄本，解放后中华书局始出版排印本。

何心隐在思想学术上的主要贡献是他的乌托邦社会理想。他试图建立一种超乎君臣、父子、夫妇、兄弟关系之上的师友关系，以这种关系为基础，建立一种学术团体兼社会组织的"会"，会中的成员均为朋友，会的领导者是师，掌握了政权的师即为君。

何心隐认为，朋友是社会关系中最重要的环节，"交尽于朋友"。其他各种社会关系，或交而比，或交而昵，或交而援，都不大正常。与朋友关系相联系的是师友关系。师是"道之至""学之至"。因此，人与人之间，应与"相交而友""相友而师"。李贽评论说："人伦有五，公舍其四，而独置身于师友贤圣之间。"[①] 这在封建社会中，不能不是一种叛逆

[①] 《焚书》卷三《何心隐论》。

的思想。

在以朋友、师友关系为纽带建立起来的会中,士农工商只有分工的不同,而无等级的差别,彼此相恤、相翕、相睦、相助相让、相亲相爱。会中设有主会,主会不是终身制,而是"相与以主会",轮流担任。这样的会遍及于天下,"君子而身而家于国于天下"[1],天下便是君子的天下,国家就是君子的国家了。

何心隐提出,以会来统一天下,要遵循两个原则:一个是"均",另一个是"群"。他说:"臣民亦君也。君者,均也。君者,群也。臣民莫非君之群也,必君而后可以群而均也。"[2] "群"是指会众的团结,"均"是指会众之间财富的均匀。会中君与臣之间也是朋友、师友关系,"君臣相师,君臣相友"[3],不存在握有无限权力的君主,不存在"君要臣死,臣不得不死"的关系。在会中,人人都应当受到爱戴和尊重,"凡有血气之莫不亲""凡有血气之莫不尊"[4],人人相亲相爱,相互尊重,一片和睦气氛。

---

[1] 《何心隐集》卷二《语会》。
[2] 《何心隐集》卷二《论中》。
[3] 《何心隐集》卷二《宗旨》。
[4] 《何心隐集》卷二《仁义》。

在何心隐设计的理想社会里，钱财是通用的。他幻想通过结会来聚人聚财，或解囊捐献，或计亩收租，或创义田，储公廪，用以供养老人，教育后代，照顾鳏寡孤独失所者，并解决冠婚丧祭等项开支。他说："分人以财，不过谓之惠，惟天下得人，乃可谓之仁。盖以人则财之本，而有人自有财。得人则财不必分，而财自得于人之得矣。"人是财之本，有人自有财，通过结会，既聚人又聚财。这样，"老者以得人而安，朋友以得人而信，少者以得人而怀""共学以安老怀少，则自有禄于学之共，而天下自归仁，而饱于仁，不必分财以惠人矣"[①]。

何心隐为实现他的理想社会奋斗了一生。从嘉靖三十二年（一五五三）正月起，至嘉靖三十八年（一五五九）的六年间，他献出家财，在家乡创办"聚和堂"，进行理想社会的实验。但因他反对官府的苛捐杂税而被捕充贵州卫军，实验不得不告终。其后，他为实现理想社会的活动一直没有停止。

何心隐的理想社会在当时不过是空想，但在他的设计中，却蕴藏着可贵的民主平等思想的萌芽。他要提高农工商贾的社会地位，改变君臣之间的封建关系，在某种程度上反映了

[①] 《何心隐集》卷三《辞唐可大馈》。

处于资本主义萌芽时期商贾和平民的愿望和要求。这些都体现了他"不为名教所能羁络"的异端思想和要"掀翻天地"的叛逆性格。

(三) 李贽的自然情性说

李贽(一五二七——一六〇二),号卓吾,别号温陵居士,福建泉州晋江县人。其祖先在明初就曾受命从事航海出使等任务,祖、父辈都是熟悉商业活动的伊斯兰教徒。他自幼受商贾自由思想影响较深,"不信道,不信仙释,故见道人则恶,见僧则恶,见道学先生则尤恶"[1]。中年时在北京读过王守仁的书,听过泰州学派学者赵吉贞讲学,先后与泰州学派的焦竑、耿定理、罗汝芳等人交往,并以王艮之子王襞为师。五十一岁时任云南姚安知府。三年后辞职,携家居湖北黄安,其挚友耿定理死后,移居湖北麻城龙潭湖上的芝佛院,专心从事讲学与著述。晚年的讲学活动受到了群众的欢迎,但因此遭到统治者不满和迫害,最后芝佛院被毁,著作两次被焚,七十六岁高龄还被捕下狱,后自杀于狱中。著作主要有《焚书》《续焚书》《藏书》《续藏书》《九正易因》等。

---

[1] 李贽编《王阳明先生道学钞》后附《阳明先生年谱后语》。

李贽继承和发展了王艮的思想,认为道在人,是人的自然之性。他说:"道本不远于人,而远人以为道者,是故不可以语道。可知人即道也,道即人也。人外无道,道外亦无人。故君子以人治人,更不敢以己治人者,以人本自治。人能自治,不待禁而止之也。若欲有以止之而不能听其自治,是伐之也,是欲以彼柯易此柯也。虽近而实远,安能治之? 安道为道也邪?"① 道只在于人身之中,而不在人外,它就是人的本性,人的自我需要。因而以道治人,就是听其自治。不听其自治,企图用某种制度、规范来禁止、约束人们的需要,是违反道的行为。他认为:"自然之性,乃是自然真道学也,岂讲道学者所能学乎?"② 而那些口说道学的人,都想用他们的理论去禁止、约束别人的行为,因而都是"假道学"。

　　李贽认为,人的自然本性是自私的,自私才是人的自然本性,因而满足私欲才是道。"夫私者,人之心也。人必有私,而后其心乃见;若无私,则无心矣。如服田者,私其秋之获,而后治田必力;居家者,私积仓之获,而后治家必力;为学者,私进取之获,而后举业之治也必力。故官人而不私以禄,则

---

① 《李氏文集》卷十九《明灯道古录》。
② 《续焚书》卷三《孔融有自然之性》。

虽召之,必不来矣;苟无高爵,则虽劝之,必不至矣。虽有孔子之圣,苟无司寇之任、相事之摄,必不能一日安身于鲁也,决矣!此自然之理,必至之符,非可以架空而臆说也。然则为无私之说者,皆画饼之谈,观场之见,但令隔壁好听,不管脚跟虚实,无益于事,只乱聪耳,不足采也。"[1]这一段石破天惊之语,简直是资产阶级尊重个性尊重个人利益思想的公开宣言。他不要礼义廉耻,不要仁义道德,不要献身精神,与中国的文化传统大相径庭。这种现象,是当时商业发达的反映,与李贽家庭的影响有极大的关系。它是当时田园社会中的惊雷和闪电,但只是一闪一炸而已,尚不具有普遍性。

李贽认为,伦理道德还是要的,但不是理学家所讲的三纲五常,而是人们的物质需求。他说:"穿衣吃饭,即是人伦物理。除却穿衣吃饭,无伦物矣。世间种种,皆衣与饭类耳。故举衣与饭,而世间种种自然在其中矣。"[2]由此,他认为所谓"礼",应该是:"好恶从民之欲,而不以己之欲,是之谓礼。"[3]顺从百姓的欲望,这才是礼。而"今之言政、刑、德、礼者,似未得礼意",因为"天下至大也,万民至

---

[1]《藏书》卷三十二《德业儒臣后论》。
[2]《焚书》卷一《答邓石阳》。
[3]《李氏文集》卷十八《明灯道古录》。

众也,物之不齐又物之情也",而理学的"齐之以礼","是欲强天下使从己,驱天下使从礼。人自苦难而弗从,始不得不用刑以威之耳"。他反对整齐划一的礼,主张顺其自然,各从其所好,"千万其人者各得其千万人之心,千万其心者各遂其千万人之欲"①,"贪财者与之以禄,趋势者与之以爵,强有力者与之以权,能者称事而官,懦者夹持而使。有德者隆以虚位,但取具瞻;高才者处以重任,不问出入。各从所好,各骋所长,无一人之不中用,何其事之易也!"②这种要求,已经接近于自由资本主义时代的资产阶级的要求。

李贽认为,善恶的道德评价仍然是要的,但必须以符合"民情之所欲"才能算作善,"非民情之所欲"便是不善,便是恶。李贽宣布:"不必矫情,不必违性,不必昧心,不必抑志,直心而动,是为真佛。"③他举例说:"市井小夫,身履是事,口便说是事,作生意者便说生意,力田作者但说力田,凿凿有味,真有德之言,令人听之忘厌倦矣。"④在李贽眼里,市井小民由情之所欲,不口是心非,这就是善。他甚至认为,

---

① 《李氏文集》卷十八《明灯道古录》。
② 《焚书》卷一《答耿司寇》。
③ 《焚书》卷二《失言三首》。
④ 《焚书》卷一《答耿司寇》。

即使像强并弱、众吞寡这样一些在一般人看来是大逆不道、不仁不义的罪恶行为,只要顺其自然,也无可非议:"夫栽培倾覆,天必因材,而况于人乎?强弱众寡,其材定矣。强者,弱之归,不归必并之;众者,寡之附,不附即吞之。此天道也,虽圣人其能违天乎哉?今子乃以强凌众暴为法所禁,而欲治之,是逆天道之常,反因材之笃,所谓拂人之性,灾必及身者,尚可以治人邪?"①他认为弱肉强食是"天道",即自然之道。这种观点,在中国封建社会中,是无法容忍的。尽管人们经常这样做,但舆论上却不能这样讲,这表现出道德舆论对强力的限制。

李贽认为,由于人心都是自私的,因而所有道德舆论都不过是口是心非的说教:"种种日用,皆为自己身家计虑,无一厘为人谋者。及乎开口讲学,便说尔为自己,我为他人;尔为自私,我欲利他。"②又说:"口谈道德而心存高官,志在巨富;既已得高官巨富矣,仍讲道德,说仁义自若也,……展转反覆,以欺世获利,……口谈道德而志在穿窬。……今之讲道德性命者,皆……患得患失,志于高官重禄,好田宅,

---

① 《李氏文集》卷十九《明灯道古录》。
② 《焚书》卷一《答耿司寇》。

美风水，以为子孙荫者。"①李贽认为，这些人都不如市井小夫。除此之外，李贽还反对以某个人的是非为是非，甚至反对以孔子的是非为是非。因为人性是自然的，人情是多样的，不应当整齐划一，以某个圣人的话去统一天下人的行动。"咸以孔子之是非为是非，故未尝有是非耳。"②世人以孔子为大圣人，实际上是一种世代相传的盲目性："儒先臆度而言之，父师沿袭而诵之，小子朦聋而听之。万口一词，不可破也；千年一律，不自知也。"③李贽竭力反对这种盲目性，希望人们从这些沉重的精神枷锁中解放出来，做一个"直心而动"的"真佛"。

李贽在文艺理论上提出了著名的"童心"说："天下之至文，未有不出于童心焉者也。"所谓童心，他认为："童心者，真心也。""童子者，人之初也。童心者，心之初也。"童心是最初的自然的真心。当人们长大以后，"有闻见自耳目而入""有道理从闻见而入"，于是"知美名之可好也，而务欲以扬之，而童心失。知不美之名之可丑也，而务欲以掩之，而童心失"。在道德舆论的作用下，人们追逐美名，

---

① 《焚书》卷一《又与焦弱侯》。
② 《藏书·世纪列传总目前论》。
③ 《续焚书》卷四《题孔子像于芝佛院》。

于是失去了童心。人们"以假人言假言""事假事而文假文",使整个世界都成了虚假的世界:"由是以假言与假人言,则假人喜;以假事与假人道,则假人喜;以假文与假人谈,则假人喜。无所不假,则无所不喜。满场是假,矮人何辨也?"而制造这些使人假的舆论的,正是理学信奉的《六经》《语》《孟》。这些儒学经典,"乃道学之口实,假人之渊薮也"[①]。在童心说的基础上,李贽对文学艺术中的"自然"作了新的解释。前人所谓自然,一般与"绮丽"相对,指一种艺术风格。李贽则认为:"盖声色之来,发于情性,由乎自然,是可以牵合矫强而致乎?故自然发于情性,则自然止乎礼义,非情性之外复有礼义可止也。唯矫强乃失之,故以自然之为美耳,又非于情性之外复有所谓自然而然也。故性格清彻者音调自然宣畅,性格舒徐者调自然疏缓,旷达者自然浩荡,雄迈者自然壮烈,沉郁者自然悲酸,古怪者自然奇绝。有是格,便有是调,皆性情自然之谓也。莫不有情,莫不有性,而可以一律求之哉?"[②]李贽在文学艺术中也反对一律,反对矫揉造作,主张顺乎性情;只要发于性情,无论宣畅、疏缓、浩荡、

---

① 《焚书》卷三《童心说》。
② 《焚书》卷三《读律肤说》。

壮烈、悲酸、奇绝，都具自然之美。他又说："苟童心常存，则道理不行，闻见不立，无时不文，无文不文，无一样创制体格文字而非文者。"①

李贽以自然之性为道，以发乎情性为善，以顺乎情性为礼，又以发乎情性为文艺美，主张各任其性，人自为治，不要礼仪制度，不要舆论约束，不要限制人们情性的理论，不要接受这样的闻见和道理。这些思想，充满了个性解放的精神，是代表资本主义生产关系萌芽的新时代的心声。但他关于"人必有私"的尊重合理的个人利益思想和弱肉强食的观点，在中国文化传统的土壤上，即使走向了资本主义社会，恐怕也是难以行通的。尽管如此，李贽的大部分思想在当时已是十分先进的思想。由王艮至李贽的发展，使理学陆王派发生了一定程度的质的变化，使理学程朱派受到了很大的冲击，对理学的衰落，起到了积极的促进作用。

二、理学正统派挽救社会危机的努力

明末清初，是被人们称为"天崩地解"的时代。明代末年，

---

① 《焚书》卷三《童心说》。

政治腐败，宦官专权，统治阶级内部矛盾重重；资本主义萌芽与封建制度矛盾激烈，南方一些城市多次发生市民反矿监、税监的斗争；封建地主阶级加强了对农民的剥削和压迫，广大农民无法生存、纷纷揭竿而起，终于酿成以李自成为首的大规模农民起义，占领了北京城，颠覆了明王朝；满清贵族力量日益强大，多次进军长城以南，最终占领了全中国，建立了清政府。清朝初年，民族矛盾急剧恶化，反清起义此起彼伏；清政府实行野蛮落后的经济、政治措施，与汉民族先进的经济、政治制度发生尖锐矛盾。

在这个社会剧烈变动的时代，理学分裂为三派：理学末流派、理学正统派、理学创新派。理学末流派或只在注脚中讨分晓，或空谈心性，面对严重的社会危机，却束手无策。理学正统派已不再过多地争论程朱陆王的门户高低，而是全力投入挽救社会危机的努力之中，在明末主要是反对腐败，挽救明朝政府的统治；在清初主要是反对暴政，向清政府宣传仁义道德。理学创新派则适应资本主义萌芽出现以后的新形势，企图对理学的理论进行某些改造，提出了一些新思想，但在根本问题上，他们不像李贽那样背离封建制度和封建伦理道德，因而仍然属于理学中的一个派别，一个思想比较激进的派别。

理学末流派谈不上有思想代表，因为他们既无理论创建又无实际功业。理学正统派的代表主要有：顾宪成、高攀龙、刘宗周、黄道周、孙奇逢、张溥、陈子龙、潘平格、魏裔介、熊赐履、汤斌、李颙、陆世仪、陆陇其、李光地、张履祥、张伯行等人。这一派人数众多，他们在不同的时期、不同的地点、不同的地位上，做出了自己的贡献，但理论上没有什么创见。理学创新派的主要代表人物有：方以智、黄宗羲、陈确、顾炎武、王夫之、唐甄、颜元、李塨、戴震等人。这一派人数也不少，他们一般不与政府合作，主要从事著述和讲学，在理论上总结明朝灭亡的经验教训，总结理学在理论和实践上的得失，提出了许多很有见地的看法。理学正统派在实践上的努力和理学创新派在理论上的贡献，都为康乾之治的形成起到了积极的促进作用。

（一）东林党反腐败的斗争

明代后期，政治一片黑暗，神宗朱翊钧长期深居宫内，不见廷臣，不理政事，尽情声色，恣意挥霍。从中央到地方，许多衙门长期缺主管长官，日常政务无人处理，政权机构濒于瘫痪。皇帝只是依靠心腹太监实行专制统治，特别是熹宗时的魏忠贤，曾权倾一时。他提督东厂，控制特务机构，总揽内外大权,专横跋扈,胡作非为。朝廷为增加腐败生活的经济来源,大量征收苛捐杂税,引起了广大人民,特别是城市市民的暴力反抗。武昌商民聚众万余人,把宦官陈奉的同党五六人抛入长江中;苏州织工、染工两千余人击毙宦官孙隆的爪牙二人,捶死税官多人;荆州、景德镇、北京门头沟等地纷纷出现反矿监、税监和宦官的市民暴动。由于土地兼并剧烈,广大农民衣食无着,加上连年灾荒,农民起义如雨后春笋,明王朝处于风雨飘摇之中。一些正直的理学家和理学信徒,清楚地看到了问题的严重性。他们要求改良政治,缓和阶级矛盾,形成了一股政治力量,被称为东林党人。

万历三十三年(一六〇五),被政府革职的吏部郎中、理学家顾宪成,与好友高攀龙、钱一本、薛敷教、史孟麟等人,在他的故乡无锡东门外东林书院讲学,并讽议朝政,制造舆论,要求改革政治。顾宪成早在万历十二年(一五八四)就曾指出:"当是天下滔滔,上下一切以耳目从事,士习凌迟,礼义廉耻欲尽,吾三人(顾与魏懋权、刘国征)每过语及之,辄相对太息或泣下。"[①]不久,朝臣丁元荐忧愤上书,痛陈时弊,极言"今日事实,寒心者三""可浩叹者七""坐视而不可

---

① 《泾皋藏稿》卷十二。

救药者二"①。高攀龙指出:"此时民不聊生,大乱即将来临。"顾宪成之弟顾允成也惊呼已面临"天崩地陷"局面②,对泰州学派不管政治危机,反而宣传明哲保身的利己主义行径极为不满。他们虽被贬回乡,仍密切关心国家兴亡,并为此而奋斗。"风声、雨声、读书声,声声入耳;家事、国事、天下事,事事关心"这副对联,就是他们读书讲学仍不忘国家安危的真实写照。

东林书院这种与议论朝政相结合的讲学活动,吸引了许多有志之士。《明史》记载:"当是时,士大夫抱道忤时者,率退处林野,闻风响附",人数之多,竟使东林书院"学舍不能相容"。赵南星、李三才、邹元标、冯从吾、周起元、魏大中、李应升、杨涟等在朝任职的正直官员,也与东林书院的讽议朝政遥相呼应。于是,东林书院实际上又成了一个社会舆论的中心。

东林党反对政治腐败、要求改革朝政,首先抓住了对人民危害最重、市民最愤恨的矿监税使的罪行,反复上疏。如右佥都御史总督漕运、凤阳巡抚李三才接连上疏,指责神宗"溺

---

① 《东林书院志》卷九。
② 《顾季时行状》。

志货财"，遣矿监、税监四出聚敛，不让"小民享升斗之需"，敬告神宗应罢撤征商，否则"一旦众畔土崩，小民皆为敌国"，即使"黄金盈箱，明珠填屋，谁为守之！"[1]他还利用权力，制裁了山东税监陈增的参随程守训，被人称为"东南一带长城"[2]。李三才的呼吁和行动得到了东林党人的支持，顾宪成等人制造舆论，要推荐李三才入阁为相，但遭到朝廷宦官和其他党派的攻击。李三才入阁事件一直未能成功。

明神宗皇后无子，王恭妃生子常洛（即光宗），郑贵妃生子常洵（即福王），常洛为长，但神宗宠爱郑妃，欲立常洵，乃迁延不立太子。东林党人为维护正常的封建秩序，上疏坚决反对，其他党派又群起反对东林。于是有"国本"之争，三王并封之争，福王就国之争，梃击、红丸、移宫"三案"之争。东林党在立太子问题上斗争了二十余年。在东林党的努力下，神宗终于立常洛为太子，勋戚郑氏的权势受到一定的压抑。

熹宗天启年间，东林党人杨涟又上疏弹劾魏忠贤二十四大奸恶。阉党对东林党人恨之入骨，准备下毒手。魏忠贤爪

---

[1] 《明史》卷二三二《李三才传》。
[2] 顾宪成《自反录》。

牙王绍徽作《东林点将录》,"五虎"头目崔呈秀作《同志录》,提供了东林党人的黑名单。魏忠贤又作《三朝要典》,准备按名斥逐、捕杀。天启五年(一六二五),他们借辽东经略熊廷弼和巡抚王化贞失陷广宁事,诬陷熊廷弼曾贿赂东林党在朝官员杨涟、左光斗等人祈求减罪。于是大兴冤狱,不仅诏决熊廷弼,且将杨、左等人杖毙狱中。接着,又罗织罪状,先后杀害高攀龙、周顺昌、周起元、缪昌期等人。

东林党人反对宦官专权,反对朝廷腐败,反对矿监税使横征暴敛,实际上支持了广大市民反矿监税使的斗争,因而东林党人得到了广大市民的拥护和爱戴。据《明史》卷二四六《满朝荐传》载:东林党人、陕西巡按余懋衡、咸阳知县满朝荐,直接参与了陕西反税监梁永的斗争,为此下狱达六年之久。《明史》卷三〇五《陈奉传》载:襄阳推官、东林党人何栋,因支持湖广市民反税监陈奉的斗争被逮下狱,竟激起了民变。苏州织工葛贤等反孙隆的斗争曾得到应天巡抚曹时聘的同情,东林党领袖顾宪成为此对他十分尊敬。葛贤出狱后病死,东林党人文震孟为他写碑文,东林党人朱国桢为他志铭。东林党人周顺昌于万历四十一年(一六一三)在福州支持地方铺行匠作诸色人等在税监高采门前告讨久欠价银的斗争。时"军民十万为拥,肩摩衽接,道不得行",

高采派人镇压,时任福州推官的周顺昌公开出面支持市民,并拿获行凶的税棍三人。①

在东林党人受到魏忠贤阉党的镇压时,市民们因抱不平而发生了多起规模较大的、反阉党黑暗统治的斗争。当周顺昌因支持市民运动被迫挂印辞职时,福州市民"扳留者数万人,环绕刑署,夜以继日,自府门达刑署后堂,露宿皆满"②。东林党领袖杨涟被逮时,"德安城南有勇士数千人拥入公署,欲手磔官旗""开读之日,郡邑民集外者数万,哄声彻天,府道屡谕不散""过中州,自关以北皆焚香顶迎,设醮请祷,送公渡黄河者络绎于道"③。至都城,"都城士民数万,拥道攀号,争欲碎官旗而夺公"④。东林党领袖左光斗被逮时,桐城"举国如狂",士民"遮道焚香,哭声震地,自桐达庐无间"⑤。魏大中被逮时,"雷电交作,风吼水立,士人拥

---

① 周顺昌《周忠介公烬余集》卷一《福州高珰纪事》;文秉《定陵注略》卷五《军民激变》。
② 周顺昌《周忠介公烬余集》卷一《福州高珰纪事》;文秉《定陵注略》卷五《军民激变》。
③ 《杨大洪先生忠烈实录》。
④ 《明季北略》卷二。
⑤ 金日升《颂天胪笔》卷五《左公纪实》。

之泣送者数万人,郡县长咸涕下,氓隶莫不掩面"[1]。天启六年(一六二六)二月,魏忠贤再次矫旨诏狱,遣缇骑逮周起元、周顺昌、高攀龙等东林党人,苏州、常州、无锡等地爆发了声势更大的对抗性民变,为首者颜佩韦是商人之子,周文元是轿夫,杨念如是"鬻衣者",马杰是"有力人",沈扬是"牙侩"。三月十八日,市民万余人聚雨中,击毙缇骑二人,声称为周顺昌伸冤。姚希孟《开读本末》载:开读时,"众怒忽如山崩潮涌,耆然而登,攀折楯,直前奋击。诸缇骑皆抱头窜,或升斗拱,或匿厕中,或以荆棘自蔽,众搜捕之,皆搏颡乞命,终无一免者"。苏州市民为抗议魏阉无道,还举行罢市,"负担者息肩,列肆者罢市"[2]。从上述大量感人肺腑的事实中,可以看出理学学者顾宪成、高攀龙等东林党人与广大百姓的关系。为民请命、关心国家兴亡是理学的优良传统。东林党人在明末社会深度危机之时,不顾自身性命,同腐恶势力作斗争,表现了真理学学者的高风亮节。

但是,东林党只是封建地主阶级中的进步派别,并不是市民阶层的代表。在反对腐败、反对阉党的斗争中,他们利

---

[1] 陈鼎《东林列传》卷三《魏大中传》。
[2] 金日哥《颂天胪笔》卷二十一附《缇骑纪略》。

用了市民的力量,对市民运动表示了支持。市民运动对东林党的支持所反映的,则是新兴的市民阶层反对封建专制黑暗统治的政治愿望,二者各代表不同的阶级。东林党人为反对腐败、反对宦官而死,并不意味着他们反对封建制度和封建伦理道德规范,他们正是为维护这个制度的正常运行而奋斗的。因而他们并不是革天派,而是补天派。

(二) 正统派对王学末流的批评

理学程朱派的末流,主要表现在以下两个方面:一是白首穷经而不付诸实用;二是唯经、唯注脚是从,而无自己的见解。理学陆王派的末流,主要表现在以下两个方面:一是以心性世事为空无而不关心国家大事;二是以禅悟为格物而不去做实事。理学程朱派的末流,经明中期王守仁的矫正,一度好转。理学陆王派的末流,则由王守仁的大弟子王畿而开其端,在明末社会危机极为严重的"天崩地解"时代,暴露出它不关心国家大事、不做实事的危害性。于是,理学正统的程朱派复兴,与正统的王学一起,对王学末流空谈心性与流于禅的倾向进行了批评。明朝灭亡之后,人们把空谈心性作为明亡的一个原因,并依据这一教训,特别重视实学、实知、实用和实功。除了道德修养和关心政治外,他们还比较重视经济之学，关心农业和商业的发展。

首先批评王学末流的，是湛甘泉的后学许孚远。许孚远，字孟仲，号敬庵，曾学于湛甘泉的弟子唐一庵之门。湛甘泉是与王守仁同时的明代心学另一位代表人物。还有东林学派的顾宪成、高攀龙、顾允成、钱一本、史孟麟等人，以及陕西关学学者冯从吾，偈止修学说的李见罗，以及泰州学派的方本庵等人。直接的辩论对象是王畿的学生周汝登，周汝登的学生陶望龄，以及管志道、钱渐庵等人。

王学末流的理论依据，据说是王守仁的"王门四句教"，即："无善无恶是心之体，有善有恶是意之动，知善知恶是良知，为善去恶是格物。"王守仁的大弟子王畿则认为，王守仁的这四句话说得不圆。他说："心体既是无善无恶，意也是无善无恶，知也是无善无恶，物亦是无善无恶。"① 这就是王畿著名的"四无"说。他从无善无恶的心体，推导出意、知、物均无善无恶，在逻辑上是有道理的。但把一切都说成了无善无恶，善恶这个理学道德学说中的重要范畴便无处着落。善恶都没有了，还有什么呢？故后人指出"四无"说必流于禅。顾宪成认为："佛学三藏十二部五千四百八十卷，一言以蔽之，

---

① 《王文成公全书》卷三十四《年谱》四。

曰：无善无恶。"① 又说："见以为心之本体原是无善无恶也，合下便成一个空。"② 王畿自己也毫不掩饰地把心、性都直接说成是"无"："良知本虚本寂"③，"良知本无知"④，"心唯空，故能辨是非"，"空空即是虚寂，此学脉也"。"寂之一字，千古圣学之宗"⑤。善恶与万物是有还是无，是实还是虚，这是儒学与佛学的一个重要分歧，也是治国淑世与个人解脱两种不同态度的理论根基。王畿以空无虚寂为宗，必然走向佛学，对治国淑世取消极、不闻不问的态度。

王畿的格物说，强调"自悟"二字。他说："君子之学，贵于得悟。悟门不开，无以征学。""吾人本心，自证自悟。"⑥ 本体论上强调空无，方法论上强调自悟，必然不重视研究外物，不重视谨慎处理日常事务和治国平天下之事。刘宗周批评说："至龙溪，直把良知作佛性看，悬空期个悟，终成玩弄光景，虽谓之操戈入室可也！"⑦ 王学末流在王畿的基础上，

---

① 《顾端文公全集》卷首。
② 《小心斋札记》卷十八。
③ 《龙溪先生全集》卷十七《渐庵说》。
④ 《龙溪先生全集》卷十三《欧阳南野文选序》。
⑤ 《龙溪先生全集》卷六《语录》。
⑥ 《龙溪先生全集》卷十七《悟说》。
⑦ 《明儒学案·师说》。

更把他的观点推向极端,向禅学靠拢。

万历二十年(一五九二)前后,在南都金陵的一次讲学集会上,许孚远作《九谛》,反对周汝登的四无说,双方辩论激烈。许孚远指出:"先生之无善无恶,即释氏之所谓空也",如果听信了四无说,"则格知诚正工夫,俱无可下手处矣"①。这是批评王学末流的第一次辩论。

第二次辩论在万历二十五年(一五九七)以后的几年时间里。据《顾端文公年谱》载:"时太仓管东溟(志道)以绝学自居,一贯三教,而实专宗佛氏。"顾宪成"与之反复辩难","于无善无恶四字驳之甚力"。顾宪成指出:"将这善字打破,本体只是一个空。"②冯从吾则批评说:"格物乃知止以前工夫,丢过物格,而则求知止之方,此异端悬空顿悟之学,非吾儒之旨也。"③他们针对王学末流"空言之弊",竭力反对空谈而"贵实行"。钱一本说:"学不在践履处求,悉空谈也。"④邹元标提倡"躬行立教"⑤,顾宪

---

① 《明儒学案》卷三十六《泰州学案》五。
② 《小心斋札记》卷二。
③ 《证性篇·质疑》下。
④ 《明儒学案·东林学案》。
⑤ 《泾皋藏稿》卷十《尚行精舍记》。

成十分赞成，认为这是"今日对病之药"①。高攀龙则指出："圣人之学，所以与佛氏异者，以格物而致知也。儒者之学，每入于禅者，以致知不在格物也。"②东林党人批评王学末流，崇尚躬行践履，并付之以实际行动，受到了人们的赞扬。对于当时提高理学的威望，起到了一定的作用。刘宗周曾指出："王守仁之学，良知也。无善无恶，其弊也，必为佛老顽钝而无耻。……佛老之害，自宪成而救。"③但东林党因力量不够，被镇压了下去。他们既未能挽救明王朝的灭亡，又未能挽救王学末流之弊。明王朝朝廷与官场上的腐败和士人学术思想上的空谈，以及其他诸因素的综合效应，终于使王朝很快灭亡了。

明王朝灭亡后，理学家们无论是正统派还是创新派，都纷纷总结明亡的教训，总结空谈误国的教训，于是掀起了一股倡导实学的新风。

河北理学家孙奇逢首先打破门户之见，作《理学宗传》，总结理学的经验教训。他对程朱、陆王两派得失的基本观点是："门宗分裂，使人知反而求之事物之际，晦翁之功也。

---

① 《泾皋藏稿》卷五《简邹孚如吏部》。
② 《高子遗书》卷九。
③ 《刘子全书》卷十四《修正学疏》。

然晦翁殁,而天下之实病不可不泄。词章繁兴,使人知反而求之心性之中,阳明之功也。然阳明殁,而天下之虚病不可不补。"① 孙奇逢特别重视实用,指出:"若平居谈身心性命,一遇事便束手,此腐儒曲士之流耳,实足为理学之诟厉也。"② 所以后人评论他"生平之学,主于实用"③。当时孙奇逢在北方影响很大,学者也很多。汤斌和费密是两位代表人物。汤斌在清初官至工部尚书,将所学的理学理论,按照孙奇逢"躬行实践"的思想施诸政事,颇有政绩,对清王朝接受理学理论,实现康乾之治,起到了一定的作用。费密终生治学,倡导力行,开颜李学派的先声。学术史家认为,这是孙奇逢躬行实践之学在政界和文化界结出的两个硕果。

江苏理学家陆世仪倡导"明体而适用"④的学问,要求学者做到体用兼备,内圣外王。他特别重视经济、政治和军事等方面的学问,不局限于道德修养。他曾说:"六艺古法虽不传,然今人所当学者,正不止六艺。如天文、地理、河渠、兵法之类,皆切用于世,不可不讲。俗儒不知内圣外王

---

① 汤斌《征君孙先生年谱》。
② 《中州人物考·分类·理学》。
③ 《四库全书总目提要》卷六。
④ 《陆桴亭文集·自序》。

之学，徒高谈性命，无补于世，此当世所以来迂拙之诮也。"①他反对成天只知读书、作八股文以博取功名的士风，指出："今天下之精神皆耗于帖括矣，谁肯真为读书人，而国家又安得读书之益哉？"②真做读书人，必须会治国安民，便少不得经济、政治、军事等方面的学问。他自己在这些方面有许多见解，其中一些是十分可贵的。所以张伯行说陆世仪的理学"力矫时趋，黜华崇实"③。《四库提要》说："世仪之学，主于敦守礼法，不虚谈诚敬之旨；主于施行实政，不空为心性之功。于近代讲学诸家最为笃实。"

浙江理学家张履祥终生生活于民间，崇信程朱理学，不仅亲身和农民一起参加农业生产劳动，而且倡导以治生为目的的"经济之学"。他强调"致知在力行""致知者，所以为力行也。今人言致知，多不及力行，岂非好言精微，反遗却平实？""畔上论田，终于苗何济？不如实从事于耕耘也。"④又说："学者肯实去做工夫，方是学，如学耕须去习耕。"他批评说："今之言学者，约有二种，重致知好言静悟，而

---

① 《思辨录辑要》卷一。
② 《思辨录辑要》卷四。
③ 《陆桴亭文集序》。
④ 《杨园先生全集》卷二十六《愿学记》一。

忽践履为不足事,是则所谓浅陋固滞而不能进于高明之域者也。"[1]他在研究经济之学中,特别注意农学,在佚名《沈氏农书》的基础上,撰《补农书》问世。他强调伦理道德以勤俭为本,主张生产要以追求厚利为目的,把农产品商品化。这些思想,说明了他对经济问题的高度重视。

陕西理学家李颙与陆世仪相呼应,倡导"明体适用"之学。他说:"儒者之学,明体而适用也。"[2]"六经、四书,儒者明体适用之学也。"[3]关于明体适用,李颙有一个明确的解释:"穷理致知,反之于内,则识心悟性,实修实证;达之于外,则开物成务,康济群生,夫是之谓明体适用。"[4]他说:"明体而不适于用,便是腐儒;适用而不本于明体,便是霸儒;既不明体,又不适用,徒汩没于辞章记诵之末,便是俗儒。"[5]清初正统派理学家强调明体适用,是鉴于历史的教训提出来的。它强调儒学的经世传统,反对空洞的道德学说,但又不动摇天理的地位,对清初重实学风的形成和康熙皇帝接受理

---

[1] 《杨园先生全集》卷四十二《备忘录》四。
[2] 《二曲集》卷十四《周至答问》。
[3] 《二曲集》卷十五《富平答问》。
[4] 《二曲集》卷十四《周至答问》。
[5] 《四书反身录》卷一《大学》。

学为统治思想，起到了一定的促进作用。

浙江另两位理学家吕留良和陆陇其则以朱学为实，王学为虚。认为"要正姚江之非，当真得紫阳之是"①，应以朱子之实，补阳明之虚，"姚江没，而天下之虚病不可不补"②。吕留良指出："今时讲学之徒，开口高谈性命，率遇小事便不能办。"③因而竭力倡导实用之学。王弘撰说："近时崇正学，尊先儒，有功于世道人心者，吕晚村也。"④陆陇其总结明亡的原因，认为主要是王学之祸："每论启、祯丧乱之事而追原祸始，未尝不叹息痛恨于姚江，故断然以为今之学非尊程朱而黜阳明不可。"⑤"至于启、祯之际，风俗愈坏，礼义扫地，以至于不可收拾，其所从来，非一日矣。故愚以为明亡天下，不亡于寇盗，不亡于朋党，而亡于学术。学术之坏，所以酿成寇盗朋党之祸也。"⑥由此，他大力提倡实学："大抵天下无实行之人则不成世道，然实行必由乎实学。"⑦

---

① 《吕晚村先生文集》卷一《复高汇旃书》。
② 《渔堂文集》卷五《又与范彪西进士》。
③ 《吕子评语正编》附录《亲炙录》。
④ 王弘撰：《山志》二集卷五《著述》。
⑤ 《三鱼堂文集》卷八《周云虬先生四书集义序》。
⑥ 《三鱼堂文集》卷二《学术辩》上。
⑦ 《松阳讲义》卷四。

陆陇其在他为官的实践中，努力实行，造成了很大的影响。

由于理学正统派和创新派的共同努力，由于明亡的惨痛教训，王学末流遭到唾弃后，理学形成了一股前所未有的特别崇尚实用的学风。这使理学在清初被政府所接受，起到了良好的作用。

（三）正统派对清初恢复理学统治的贡献

清政府初入关时，不重视理学，实行落后的经济、政治、文化政策，给汉民族带来了很大的灾难。由于汉族人民的暴力反抗，迫使清政府不得不改变政策。而理学家和信奉理学的知识分子以及满汉开明大臣、地方官吏，用进谏上疏、著书讲学和躬行实践等方式宣传理学，对清政府接受理学也起到了重要作用。

清初入仕较早的魏裔介，"生平笃诚，信程朱之学，以见知闻知述圣学之统。著述凡百余卷，大指原本儒先，并及经世之学"。他于顺治三年（一六四六）中进士，四年授工科给事中。五年上疏"请举经筵及时讲学，以隆治本"[①]。康熙初仕保和殿大学士，官至太子太傅，对清政府影响很大。

---

① 《清史稿》卷二六二《魏裔介传》。

顺治十五年（一六五八）年中进士的熊赐履，在康熙六年上书几万言，其中特别指出，当时"间有读书穷理之士，则群指为道学，诽笑诋排，欲禁锢其终身而后已"，这种风气必须改变。又提出："责成学院、学道，统率士子，讲明正学，特简儒臣使司成均，则道术以明，教化大行，人才日出矣。"第二年又上疏说："讲学勤政，在今日最为切要。"他建议皇帝"接见群臣，讲求政治，行之以诚，持之以敬"，改变政局。康熙九年，清圣祖任熊赐履为讲官，"日进讲弘德殿。赐履上陈道德，下达民隐，上每虚己以听"[①]。康熙皇帝深受影响，赐履官至东阁大学士兼吏部尚书。

康熙九年（一六七〇）中进士的李光地，官至文渊阁大学士，入阁为辅。他从康熙十一年（一六七二）起，陆续进呈理学和儒家经典，每逢万寿节（康熙生日），群臣多进古玩，他独献旧板名编备览，并借为康熙讲经之机，反复宣传理学对于治国的重要性。康熙四十五年至五十一年（一七〇六——一七一一），奉命与熊赐履等编《朱子全书》六十六卷，康熙五十四年（一七一五），又奉命编《性理精义》十二卷，颁行天下。

---

① 《清史稿》卷二六二《熊赐履传》。

魏裔介、熊赐履、李光地对清初恢复理学统治的贡献，《清史稿》云："圣祖崇儒重道，经筵讲论，孜孜圣贤之学，朝臣承其化，一时成为风气。裔介久官台谏，数进谠言，为忧盛危明之计，自登政府，柴立不阿，奉身早退，有古大臣之风。赐履刚方鲠直，疏举经筵，冀裨主德，庶乎以道事君者欤？光地扬历中外，得君最专，而疑谤丛集，委蛇进退，务为韬默。圣祖尝论道学不在空言，先行后言，君子所尚。夫道学岂易言哉？"[①] 在清初入仕，官至大学士，向皇帝宣传理学，确实是不容易的。就下面的舆论而言，他们是没有气节的知识分子。就清廷而言，他们是被小瞧的汉臣。在当时当地，竟说服皇帝接受了理学，其中的艰辛甘苦，是可想而知的。

顺治九年（一六五二）中进士，康熙初又弃官从学于孙奇逢的汤斌，刻苦攻读理学诸书，曾说："滞事物以穷理，沉溺迹象，既支离而无本；离事物而致知，骛聪黜明，亦虚空而鲜实。"主张穷理致知都不能离开实事实功。《清史稿》本传说："其教人，以为必先明义利之界，谨诚为之关，为真经学、真道学；否则讲论、践履析为二事，世道何赖？斌笃守程朱，亦不薄王守仁。身体力行，不尚讲论，所诣深粹。"

---

① 《清史稿》卷二六二。

康熙十七年举博学宏词,为翰林院侍讲,充日讲起居注官,转侍读,向康熙皇帝积极宣传理学,并以自己的实际行动向康熙皇帝作真理学的示范。康熙二十三年,清圣祖说:"凡所贵道学者,必在身体力行,见诸实事,非徒托之空言。朕闻学士汤斌曾与中州孙钟元讲明道学,颇有实行,前典试浙江,操守甚美,可补授江宁巡抚。"①汤斌在江宁政绩显著,多次得康熙皇帝赞扬。二十五年升任礼部尚书,"将行,吴民泣留不得,罢市三日,遮道焚香送之"②。可知他为官清廉,深得百姓爱戴,在当时影响很大。

康熙九年(一六七〇)中进士的理学家陆陇其,在任嘉定知县期间,努力转变社会风气,谢绝一切馈赠,又命妻女织布种菜自给,推行了许多善政。康熙十八年,"左都御史魏象枢应诏举清廉官,疏荐陇其洁己爱民,去官日,惟图书数卷及其妻织机一具,民爱之比于父母"。康熙二十二年任灵寿知县,一仍嘉定方针,与民休息,施行善政。次年康熙巡视五台山,问及巡抚格尔古德:"地方有何好官?"格尔古德即具疏以陆陇其对。是年康熙又问九卿,九卿举各级官

---

① 蒋良骐:《东华录》卷十三。
② 《清史稿》卷二六五《汤斌传》。

吏共七人，其中任知县职的即陆陇其。《清史稿》本传云："陇其在灵寿七年，去官日，民遮道号泣，如去嘉定时。"① 陆陇其死后，清统治者曾把他抬得很高，称为"本朝理学儒臣第一"，陪祀孔庙。

其后还有一个理学信徒张伯行，康熙二十四年（一六八五）中进士，曾任江苏按察使、福建巡抚、江苏巡抚等职。康熙皇帝曾说："朕闻张伯行居官甚清，最不易得。"时举贤能官，康熙亲自举荐张伯行，说："朕之识汝，朕自举之。他日居官而善，天下以朕为知人。"②

《清史稿》说："清世以名臣从祀孔子庙，斌、陇其、伯行三人而已，皆以外吏起家，蒙圣祖恩遇。陇其官止御史，而廉能清正，民爱之如父母，与斌、伯行如一，其不为时所容而为圣祖所爱护亦如一。君明而臣良，汉唐以后，盖亦罕矣。斌不薄王守仁，陇其笃守程朱，斥守仁甚峻，而伯行继之。要其躬行实践，施于政事，皆能无负其所学，虽趋向稍有广隘，亦无所轩轾焉。"

除了在朝理学名臣对清初统治者有很大影响外，不在朝

---

① 《清史稿》卷二六五《陆陇其传》。
② 《清史稿》卷二六五《张伯行传》。

的理学家也以他们的著述、讲学和在乡里的实践对统治者产生影响。如清圣祖西巡时,指名召见理学家李颙。李因年迈,命其子献所著《四书反身录》《二曲集》。群臣皆谓李颙之书"真堪羽翼朱注,有功于圣贤之学,盖其书大旨欲人明体适用,反身实践。……此书流行,有裨于圣治不浅。"于是康熙皇帝为李颙亲题扁额,并手书诗幅以赠。①

朝野理学正统派在朝野的共同努力,对于清初统治者接受理学为统治思想,起到了重要的作用。康熙皇帝接受理学正统派和创新派的意见,把理学分为真理学与假理学,认为注重实行的是真理学,空谈心性的是假理学。他曾说:"日用常行,无非此理。自有理学名目,彼此辩论,朕见言行不符者多矣。终日讲理学,而所行全与其言背谬,岂得谓之理学乎!若口虽不讲,而行事自然吻合,此即真理学也。"②康熙十分重视真理学,他说:"人主临御天下,建极绥猷,未有不以讲学明理为先务。朕听政之暇,即于宫中披阅典籍,殊觉义理无穷,乐此不疲。"③他下令编纂《朱子大全》,并亲自为之作序:"至于朱子,集大成而绍千百年绝传之学,

---

① 吴怀清《二曲先生年谱》。
② 王士禛《池北偶谈》卷三《讲筵问答》。
③ 《圣祖仁皇帝实录》卷四十一。

开愚蒙而立亿万世一定之规。……朱子之道，五百年未有弁论是非，凡有血气者莫不遵崇。"他又命理学大臣李光地编纂《性理精义》。康熙五十一年（一七一二），在大成殿升朱熹于十哲之次。上谕曰："惟宗之朱子注明经史，阐发载籍之理，凡所释之文字，皆明确有据而得中正之理，今五百余年，其一句一字，莫有论其可更正者。对此，则孔孟之后，可谓有益于斯文，厥功伟矣。"①

由于统治者的提倡，理学在清代初期重新兴盛起来。清代昭梿说："仁皇夙好程朱，深谈性理，所著《几暇余编》，其穷理尽性处，虽夙儒者学，莫能窥测。所任李文贞光地、汤文正斌等理学耆儒。尝出'理学真伪论'以试词林，又刊《性理大全》《朱子全书》等书，特命朱子配祠十哲之列。故当时宋学昌明，世多醇儒者学，风俗醇厚，非后所能及也。"②理学家陆陇其也高兴地说："今天子敦崇正学，程朱之说复行于世。"③沈维铎甚至说："我朝道统中天，君师立极，……二百年来名儒辈出，庠序修明，为元明所未有。"④

---

① 《婺源县志》卷六十四。
② 《啸亭杂录》卷一《崇理学》。
③ 《三鱼堂文集》卷八《周永瞻先生四书断序》。
④ 《清学案小识序》。

沈维锛的话未免过于夸张,但清代一直把理学作为统治思想,这一点基本上没有错。理学在清代作为统治思想所起到的社会作用,要进行历史的分析。在清代初期,理学统治思想的确立,对于改变清朝统治阶层落后、野蛮的政治、经济、文化政策,起到了重要的作用。但随着资本主义萌芽的发展,特别是资产阶级改良主义思潮和资产阶级革命思想的兴起,理学作为落后的封建制度和伦理规范的理论形态,成为新思潮和新思想的对立面,阻碍着新思想的发展。由此,笔者认为,自清代中叶以后,理学在总体上迅速失去了它的进步意义,越来越成为落后、腐朽、反动的意识形态,成为应当抛弃的东西。当然,这不能排除其中仍有若干可以被新时代改造利用的内容,特别是它产生、发展与衰亡的经验教训,更值得后人认真研究,从中吸取有益的养分,为创造新的意识形态所借鉴与参考。

三、理学的衰落

理学的衰落,需要从学术思想和统治思想两个方面进行考察。

作为学术思想,自王守仁之后,实际上已经衰落,再没有出现过正统的、有重大创建的理学大家。王守仁的后学，走向了两条道路，一条是由泰州学派到李贽的反理学的道路；一条是空谈心性而流于禅的王学末流。随着明王朝的灭亡和清政府入主中原，这两派都受到了沉重的打击。反理学的思想被压抑了。清初反理学思想的代表是山西的傅山，虽然有不为礼教所羁绊的个性自由性格，有不少激进的"反常之论"，但由于政治的压力，他不能讲学，所著之书不能出版，而只能隐于医，隐于道，在当时没有造成太大影响。王学末流在清初被全国士人斥为"空谈误国"，甚至被认为是明亡的主要原因，被士人们厌弃了。

　　清初理学正统派致力于保卫汉民族意识形态的精华，以此反对落后、野蛮的政治、经济、文化政策，他们在这方面进行了不懈的努力，取得了卓著的成绩。但是，他们在理论上，除了总结出"明体适用"这精辟命题，并在实践上作了一些尝试外，没有什么重大的理论发展。以王夫之、黄宗羲为代表的理学创新派，根据明亡的经验教训和资本主义萌芽思想出现的新形势，在理气、理欲等问题上，提出了一些新的思想，即是把气看得更重要了。强调理在欲中，给人欲以较为宽松的地位等等。其实，这些新的见解，并没有挣脱出封建思想的藩篱。但作为理学来说，它们都向新思想作出了一些让步。

第四章　理学的衰落

因此,理学创新派实际上已经在向新思想过渡。特别是黄宗羲,在这条道路上走得更远一些。总之,理学创新派思想不规范,后继也缺人,因而没有形成一股比较强大的理论思潮。

由于在理论上没有更好的出路,加上康熙末年以后,特别是雍正年间和乾隆年间的文字狱,使士人们的学术注意力,转移到了考据学上。这股思潮,从清初傅山、顾炎武、阎若璩三位好友那里已经开始,同时还有胡渭、毛奇龄、万斯大、万斯同等人。至乾隆、嘉庆年间,已经成为士人普遍的风气。这股思潮的旗帜是"崇宋学之性道,而以汉儒经义实之"[1]。但在实际上,他们在"性道"上没有提出什么新的见解,主要精力都放到了"汉学"上。这里的汉学,主要是整理古代文献,包括校注、辨伪、辑佚、考据等,而以考据为主。乾嘉时期,考据学几乎吸引了所有士人的注意力,很少有人再在性理、心性等问题上著书立说和讲学了。理学在学术上的衰落已成定局,不可能再挽回了。

道光二十年(一八四〇),第一次鸦片战争以后,中国人遭受了从未有过的奇耻大辱,一些士人开始从"老大帝国"的迷梦中惊醒,认识了自己的落后,开始放眼看世界,了解

---

[1] 阮元《研经室一集》卷二。

西方，研究西方强盛的原因。

理学作为统治思想，可以说一直延续到辛亥革命和清朝灭亡，甚至一直到全国解放前。但理学作为统治思想的社会作用，自明代中叶资本主义萌芽出现以后，由于它阻碍着资本主义萌芽及其思想的发展，因而就开始逐步走向腐朽、反动了。

简短的结论

通过以上四章的分析讨论，现将笔者对宋明理学的几点主要看法归纳如下：

1. 中国封建社会经历了农奴制和自由租佃制两个发展阶段，宋明理学是适应农奴制向自由租佃制转变以后的新的经济、政治制度而产生的意识形态。它在明代中叶资本主义萌芽出现以前，对新社会制度的稳定和发展，起到了积极的、进步的作用。不能简单地说"理学是腐朽的、反动的意识形态"，也不能简单地说，理学"在政治上是一股浊流"。

2. 理学程朱派建立了一个从宇宙本原和生成理论开始，到修身、齐家、治国、平天下为止的庞大的思想理论体系，陆王又在一些重要问题上提出了一些新的看法。这个庞大的理论体系的建立，使中国人的思维水平大大地提高了一步，为中国古代哲学和整个思想的发展作出了重要贡献。

3. 理学程朱派和陆王派的理论分歧,是适应中国封建社会自由租佃制历史阶段中不同时期的不同需要而产生的。对于中国封建社会来说,它们如"车之两轮,鸟之双翼",是互相补充、互相配合,共同为封建统治服务的关系,二者缺一不可。因此,我们可以总结二者在思维上的经验教训,而在它们的社会作用上,则不必是陆非朱或是朱非陆。

4. 在理学"存天理、灭人欲"命题中,"人欲"指的是不应该如此的,即不符合封建伦理规范的、过度的欲望,而不是指人的一切欲望。因此,这个命题是一种"节欲"的思想,而不是禁欲主义。

5. 理学一切理论的最终目的在于"治国平天下",希望建立一个和谐、太平的理想社会。因此,理学家要求帝王要实行王道、仁政,要求官吏要勤政、清廉,要求百姓要敬上、友爱。为了实现这个理想,所有真正的理学家都能不顾个人名利和自身安危,去努力实践。他们身体力行,为人师表,作出了很好的榜样。因此,真正的理学家都不是空谈家,而是理论家、实践家,不能把空谈的罪名加到理学的头上。

6. 我们应当把真理学与假理学、理学主流和理学末流区分开来。假理学和理学末流包括朱学末流和王学末流两种。朱学末流的主要表现是,死啃书本而不付诸实行,唯经、唯注释是从而无自己的见解。王学末流的主要表现是,空谈心性而不关心家国之事,以自悟为格物而不付诸实行。理学末流并不是理学的初衷,也不是理学的真谛,而是理学的败类,因而不能把理学末流的过错不分青红皂白地加在理学主流的身上。

7. 我们应当把理学家的理学和作为统治思想的理学区分开来。理学家的理学站在地主阶级长远利益的高度上,比较重视限制统治者的欲望,比较重视体恤下层百姓的痛苦,他们认为只有这样才能使社会长治久安。统治者接受了理学思想以后,在实践上往往要作若干取舍,有些君主甚至把理学作为棍棒,专打下层官吏和百姓,这也不是理学的初衷和本色。

8. 理学走向腐朽和反动,是明代中叶以后的事情。明中叶以后由于出现了资本主义生产方式的萌芽,并在此基础上出现了"明哲保身"的尊重个人利益思想,这些萌芽及其思想相对于封建社会来说,是一个巨大的进步,而理学作为封建社会的意识形态,必然要阻碍、压制资本主义萌芽及其思想的发展。由此,我们说,理学开始走向腐朽和反动了。即使如此,理学在清初的特殊条件下,仍然起到了一定的进步作用,至清中叶以后,才又重新走向腐朽和反动。理学自身并没有什么重大的变化,只是由于社会经济、政治发生了变化的迹象，理学的社会作用也就由适应逐步转变为不适应，成为社会前进的阻力了。

9. 在我们建设社会主义现代化的今天，理学在总体上已经失去了它的现实意义，理学思想的影响和残余已经成为我们建设社会主义现代化国家的阻力。因此，为了建设社会主义现代化的需要，我们要批判宋明理学和一切封建残余思想，这一点是不应该有什么疑义的。但是，我们不应该因为现在需要扫除封建残余思想，就否定理学在历史上曾经起过的进步作用；也不应该由此而否认理学作为我们的传统文化，仍然有可以被我们改造、利用的部分。

这些观点学术界存在着不同的看法，大家一起讨论吧！

出版后记

中华文明源远流长。在漫长的历史岁月中，我们中华民族创造了辉煌灿烂的文化成就，践行着自己朴素而真诚的人生和社会理想，追寻着具有鲜明特色的伦理价值和审美境界，展示出丰富、生动、深邃的思想智慧。在很长一段时间内，中国文化在世界文明体系中居于领先地位，其影响力和感染力无比强大，从而在铸就中华民族独特灵魂的同时，也为人类文明的发展和进步作出了重要的贡献。

明清之际，由于复杂的原因，中国社会没有能够有效地完成转型，逐步走向封闭和衰落。鸦片战争的失败，更使中国面临数千年未有之变局，使中华民族沦入生死存亡的艰难境地。为了救国于危难，当时的仁人志士自觉不自觉地把目光投向西方，投向西学，并由此对中国传统文化进行了激烈的批判。从洋务运动、戊戌变法，一直到五四新文化运动，在近代中国救亡图存的历史语境中,传统文化的观念和形态,常常被贴上落后、愚昧的标签,乃至被指斥为近代中国衰落和灾难的祸根,就连汉字和中医这样与国人生命息息相关的文化形态,也受到牵连和敌视,被列入需要废除的清单。对本民族文化的这种决绝态度,在世界各民族的历史上都是罕见的,它既反映了我们中华民族创新发展的非凡勇气,也从一个重要侧面,印证了中华传统文化的顽强和深厚。

今天,历史已经走进 21 世纪,我们中华民族经过不懈的努力和奋斗,迎来了快速发展的良好机遇,国家强盛、民族复兴的曙光就在前方。在这样的时候,在这样的历史背景下,重温我们民族的辉煌、艰难历史,重新认知我们民族的优秀文化和高贵传统,不仅是一种自然的趋势,也是一项庄严的历史使命。理由很简单,我们中华民族要在全球化的背景下真正实现伟大复兴,必须具有足够的凝聚力和创造力,必须具有强烈的自尊心和自信心,而这一切,离不开对本民族优秀文化基因的认同和感念,离不开对优秀传统的继承和弘扬。从这个意义上说,中国传统文化是不绝的源泉,是清新而流动的活水。我们组织出版《中国文化经纬》系列丛书,正是为了汲取丰富的精神滋养,激发我们前行的力量。

本书系计划出版 100 卷,由著名的中国文化书院组织编

出版后记

写，内容涵盖中国传统文化的各个方面和层级，涉及文学、历史、艺术、科学、民俗等多个领域，力求用通俗易懂的语言，用较少的篇幅，使广大读者对中国历史文化有较为全面的认识，对中国精神和中国风格有较为深切的感受。丛书的作者均为国内知名专家，有的是学界泰斗，在国内外享有盛誉，他们的思想视野、学术底蕴和大家手笔，保证了丛书的学术品质和精神品格。

这是一套规模宏大、富有特色的中国传统文化读本，这是专家为同胞讲述的本民族的系列文明故事，我们期待您的关注和阅读，也等待您的支持和批评。

中国书籍出版社

2015 年 9 月

中国文化经纬·第一辑

从黄帝到崇祯：二十四史 / 徐梓 著
华夏文明的起源 / 田昌五 著
孔子和他的弟子们 / 高专诚 著
老子与道家 / 许抗生 著
墨子与墨学 / 孙中原 著
四书五经 / 张积 著
宋明理学 / 尹协理 著
唐风宋韵：中国古代诗歌 / 李庆 武蓉 著
易学今昔 / 余敦康 著
中国神话传说 / 叶名 著

中国文化经纬·第二辑

敦煌的历史与文化 / 宁可 郝春文 著
伏尔泰与孔子 / 孟华 著
利玛窦与徐光启 / 孙尚扬 著
神秘文化的启示：纬书与汉代文化 / 李中华 著
中国古代婚俗文化 / 向仍旦 著
中国书法艺术 / 陈玉龙 著
中国四大古典悲剧 / 周先慎 著
中国图书 / 肖东发 著
中国文房四宝 / 孙敦秀 著
中印文化交流史 / 季羡林 著